Als sein kleiner Bruder verschwindet und alles darauf hindeutet, dass er die gefährliche Reise nach Europa angetreten hat, macht sich Ibrahima auf die Suche. Und erfährt am eigenen Leib, was der Traum von einem Leben in Europa für so viele junge Männer in Afrika bedeutet: Unsicherheit, Gewalt, Ausbeutung, Einsamkeit, Verzweiflung. Ibrahima wird geschlagen, erniedrigt, verkauft, doch zur gleichen Zeit erlebt er den Zusammenhalt, die Hoffnung und die felsenfeste Zuversicht einer Schicksalsgemeinschaft und schafft es schließlich nach Spanien, wo er seine eigene Stimme findet, um die Geschichte seiner Verlorenheit in eine Rettung zu verwandeln.

Ibrahima Balde, geboren 1994 in Conakry, Guinea, gelangte im Oktober 2018 in die baskische Stadt Irun. Dort lernte er den Bertsolari-Sänger Amets Arzallus kennen und vertraute ihm seine Lebensgeschichte an. *Kleiner Bruder* ist mit Ibrahimas Stimme und Amets Händen geschrieben.

suhrkamp nova

Kleiner Bruder

KLEINER BRUDER, ICH WERDE
DIR MEIN LEBEN ERZÄHLEN.

Dieses Buch ist mit Ibrahima Baldes Stimme und von Amets Arzallus' Hand verfasst.

Tausend Dank an die Verwandten und Freunde, die uns auf dem Weg geholfen haben.

Ibrahima Balde   Amets Arzallus

Kleiner Bruder
Die Geschichte meiner Suche

Aus dem Baskischen
von Raul Zelik

Suhrkamp

Die baskische Originalausgabe erschien 2019
unter dem Titel *Miñan* bei Susa literatura, Zarautz.

Erste Auflage 2021
suhrkamp taschenbuch 5142
Deutsche Erstausgabe
© Suhrkamp Verlag Berlin 2021
© Amets Arzallus, 2019
© Ibrahima Balde, 2019
Suhrkamp Taschenbuch Verlag
Kartengestaltung: © by Araguas Yanaita, 2020
Umschlagfoto: Ohlamour Studio / Stocksy
Umschlaggestaltung: Rothfos & Gabler, Hamburg
Druck und Bindung: CPI books GmbH, Leck
Printed in Germany
ISBN 978-3-518-47142-5

Ich hatte keine Zeit, schreiben zu lernen. Wenn du Aminata zu mir sagst, weiß ich, dass das mit A beginnt, und wenn du Mamadou sagst, denke ich, dass es mit einem M anfängt. Aber verlange nicht von mir, einen ganzen Satz zu bilden, ich würde sofort durcheinanderkommen. Wenn du mir hingegen ein Werkzeug bringst, einen Schraubenschlüssel zum Beispiel, und ihn auf diesen Tisch legst, werde ich dir sofort sagen können, »Das ist ein Dreizehner« oder »Das ist ein Vierzehner«. Und wenn der ganze Tisch voll ist mit Schraubenschlüsseln und du mir die Augen verbindest, werde ich dir, sobald ich den Schlüssel in den Händen halte, sagen können, »Das ist ein Achter«.

Erster Teil

I

Ich wurde in Guinea geboren, aber nicht Guinea-Bissau oder Äquatorialguinea. Es gibt noch ein anderes Guinea, eines, das Conakry als Hauptstadt hat. Es grenzt an sechs Länder. Drei werde ich dir nennen: Senegal, Sierra Leone und Mali. Dort geschah es, dass ich geboren wurde.

Ich gehöre zur Ethnie der Fula, und unsere Sprache ist das Pular, aber ich spreche auch Malinke. Mit dem Susu komme ich ebenfalls klar. In Guinea werden fünfundzwanzig Sprachen gesprochen. Und Französisch. Sechsundzwanzig. Das kann ich auch, weil ich es in der Schule gelernt habe. Aber ich bin Fula, und auf Pular kenne ich alle Worte. Auf Susu mehr als tausend, auf Malinke ein bisschen weniger als auf Susu. Ich weiß nicht, wie viele Worte ich auf Französisch beherrsche.

Auf Susu sagt man für Brot *tami*, Vater ist *baba*. Auf Malinke heißt Mutter *na*, und für Schmerzen sagt man *dimin*. Als sie mich zur Welt gebracht hat, ist meine Mutter fast gestorben, weil ich zu dick war, und sie hat viel Blut verloren. Für Blut sagt man auf Pular *yiiyan* und für Welt *aduna*.

Ich wurde in Conakry geboren, weil mein Vater dort lebte, aber sobald ich auf der Welt war, sind wir ins Dorf zurückgekehrt, nach Thiankoi. Thiankoi ist weit vom Meer entfernt und in der Nähe von Kankalabé. Die Region heißt Mamou, und die Präfektur Dalaba. Bis ich fünf Jahre alt war, lebte ich dort mit meiner Mutter. Mein Vater kam in der Regenzeit, im März, um Mama beim Bestellen des Landes zu helfen. Nach mir kamen noch drei weitere Geschwister zur Welt.

Wir hatten zu Hause zwölf oder dreizehn Kühe, und ich habe meiner Mutter mit dem Vieh geholfen. Manchmal hat sie mich zum Wasserholen geschickt, *puiser de l'eau*. Ich habe auch andere Arbeiten gemacht, die Wäsche gewaschen und beim Trocknen auf sie aufgepasst. Das sind mehr oder weniger die Erinnerungen, die ich an die Zeit mit meiner Mutter habe. Als ich fünf war, kam der Vater, um mich zu holen.

II

Mein Vater verkaufte Schuhe. Er verkaufte sie auf der Straße, aber es waren Hausschuhe, *des repose-pieds*. Das Haus ist kein Ort, um zu rennen. Der Verkaufsstand war fünfhundert Meter von unserer Wohnung entfernt und bestand aus einem am Straßenrand aufgestellten Tisch. Dort verbrachte mein Vater den ganzen Tag. Manchmal kam jemand vorbei, und sie begannen sich zu unterhalten, zuerst über die Hausschuhe, dann über Geld. Dann war mein Vater sehr zufrieden. Aber die Freude hält nicht lange an. Und nachdem sie über das Geld gesprochen hatten, holte mein Vater zwei Stücke Bambus unter dem Tisch hervor und machte in jedes ein kleines Loch. Ein Stück behielt mein Vater, das andere nahm der Käufer mit. Die Größe des Lochs zeigte die Höhe der Schulden an. Vater hatte viele solcher Bambusstücke unter seinem Tisch. Er sagte öfter, dass er die Schuhmacherei eines Tages aufgeben und anfangen werde, Flöte zu spielen, doch er verkaufte weiter Schuhe.

Ab und an ging er weg, um zu beten, und ich blieb allein am Stand zurück. Leute kamen und schauten sich unsere Schuhe an. Aber ich sagte ihnen, »Ich kann dir nichts verkaufen, der Alte ist nicht da, ich muss hier auf ihn warten«. Ich kannte mich mit der Farbe des Geldes nicht gut aus und wusste nicht, wie viel jeder Schein wert war. Ich war noch sehr klein. Also warteten wir auf den Alten. Der Alte ist mein Vater, er heißt Mamadou Bobo Balde.

Von meinem fünften bis zum dreizehnten Lebensjahr lebte ich mit dem Vater in Conakry. Zwischen fünf und dreizehn sind acht Zahlen, aber von Conakry in unser Dorf ein bisschen mehr, ungefähr vierhundertdreißig. Zu viele, um allein zu fahren. Mit den Hausschuhen kann man nicht so weit laufen. Das sagte der Vater immer zu mir; dass ich nicht ankommen würde. Deshalb blieb ich bei ihm, an unserem kleinen Tisch am Straßenrand, ohne die Mutter zu sehen.

Aber ich hatte einen Freund, er war älter als ich und liebte mich sehr. Er sagte zu mir, dass ich ihn um alles bitten solle, was ich brauche. Manchmal bat ich um Schuhe, und er gab sie mir. Andere Male fragte ich nach etwas zu essen, und er brachte mir etwas. Er kümmerte sich um mich wie um einen kleinen Bruder. Dieser Freund hieß Muhtar. Einmal bat ich ihn, einen Brief an meine Mutter zu schreiben, und er schrieb ihn. Wir gingen zusammen zum Busbahnhof von Conakry und gaben ihn jemandem, damit er ihn ins Dorf mitnehme. Ich weiß nicht, ob er mit dem Fahrrad oder dem Bus fuhr, aber ich weiß, dass er ankam. Die Ferne ist für einen Brief kein Problem.

Ich denke viel an meine Mutter. Sie heißt Fatimatu Diallo, und seit Monaten habe ich nicht mit ihr gesprochen. Sie weiß nicht einmal, dass ich in Europa angekommen bin.

III

Mir gefällt es nicht, das zu sagen, aber ich hatte Angst vor meinem Vater. Wenn er befahl, »Ibrahima, mach das nicht«, machte ich es nicht. Doch manchmal vergaß ich es und tat es doch. In diesem Fall hatte der Vater eine Gewohnheit. Er lockerte den Gürtel und sagte, »Ibrahima, leg dich auf den Boden«. Ich antwortete »*dakor*«, und er gab mir fünf Schläge. Oder zehn. Ich verstand sehr gut, warum er mich schlug, und versuchte das nächste Mal es nicht wieder zu tun.

Mein Vater war niemals in die Schule gegangen, und deshalb ärgerte er sich so, wenn ich nicht ging. Abends fragte er mich immer, »Ibrahima, bist du heute in der Schule gewesen?«. Und ich antwortete, »Ja, ich war dort«. Oder aber, »Nein, Vater, ich bin nicht in der Schule gewesen, ich habe mit Freunden Fußball gespielt«. Doch bevor ich antwortete, wusste der Vater schon Bescheid, weil ich mit schmutziger Hose heimgekommen war. Nachdem er vom Abendgebet zurückgekehrt war und das Haus betreten hatte, sagte er dann zu mir, »Ibrahima, du weißt Bescheid«. Ich legte mich auf den Boden, und er nahm den Gürtel ab. Fünf Schläge gab er mir. Oder zehn. Bis mir der Rücken brannte. Danach zog er den Gürtel wieder an, sprach ein Gebet, und wir gingen schlafen.

Ich liebte meinen Vater. Und mein Vater liebte mich.

Am Morgen weckte er mich immer. Er kam zu mir und sagte, »Ibrahima, Zeit zum Aufwachen«. Ich stand auf, betete und ging in die Schule. Die Schule war alles andere als einfach, das Einzige, was sie uns beibrachten, war Französisch. Französisch und drei andere Sachen. Erstens: Wie man eine Straße überquert, »Du schaust nach links und nach rechts und dann gehst du hinüber«. Daran erinnere ich mich. Zweitens lernten wir, Respekt vor anderen Leuten zu haben. Man muss andere Menschen respektieren, *parce que c'est comme ça*, so ist das. Und drittens … habe ich vergessen, ich erinnere mich nicht, aber ich glaube, es war wichtig. Diese drei Dinge habe ich in der Schule gelernt.

Es war eine staatliche Schule, doch ich ging vor dem Ende der sechsten Klasse ab, weil ich keine Unterstützung hatte. Unterstützung bedeutet Geld, und Geld wird immer gebraucht. Ich wollte weiter in die Schule gehen, aber es war unmöglich.

IV

Mein Vater war ein guter Mann, aber er litt an einer Krankheit, der Diabetes. Ständig mussten wir ins Krankenhaus, und wenn wir ins Krankenhaus gingen, konnten wir nicht an unserem Stand stehen. Dann verkauften wir viel weniger und hatten kein Geld.

Der Vater begann mir schwierige Fragen zu stellen, »Ibrahima, wie sollen wir das jetzt machen? Ich bin nicht gesund, und du bist noch ein Kind«. Ich antwortete, »Papa, ich werde die Schule verlassen und Geld verdienen«. Aber das wollte er nicht. »Du bist noch klein«, sagte er, »für dich ist es zu früh, du wirst das später machen.« Aber dieses Später kommt nicht immer.

An einem Nachmittag kam ich um sechzehn Uhr null null von der Schule zurück. Ich ging nach Hause, wusch mich ein wenig und ging auf die Straße zu meinem Vater hinunter. Aber an diesem Tag war er anders als sonst. »Ibrahima, mir ist kalt«, sagte er. »*Dakor*«, antwortete ich, »ich werde heimlaufen und dir eine Jacke holen, gib mir drei Minuten.« »Beeil dich«, sagte er. Ich brachte ihm eine Jacke und einen Stuhl, und er setzte sich. Ich begann, die Waren zusammenzuräumen, denn an diesem Tag war der Vater anders als sonst.

Als wir nach Hause kamen, fragte er mich, ob ich Hunger hätte. »Nein, mir geht es gut«, antwortete ich ihm. »Dann werde ich in die Moschee gehen, beten und gleich wieder zu Hause sein.« »*Dakor*«, sagte ich, »ich werde hier auf dich warten.« Als er heimkam, fragte er, ob ich gebetet hätte. Ich sagte ja, obwohl das gelogen war.

Seitdem habe ich mich oft an diese Lüge erinnert. Ich sagte ihm nicht die Wahrheit, weil die Wahrheit sehr traurig war. Während er beten war, hatte ich nachgedacht. »Wenn ich keinen Vater mehr habe, ist es mit meinem Leben vorbei. Er ist der Einzige, der mir helfen kann, der ein bisschen Geld hat, um mir die Schule zu zahlen.« Über all das dachte ich nach. Aber ich sagte meinem Vater nichts. Wir beteten noch einmal und gingen dann ins Bett. Es würde gleich einundzwanzig null null sein. Um dreiundzwanzig null null wachte mein Vater wieder auf. Ich schlief nicht. »Ich habe schlimme Kopfschmerzen«, sagte er. Er gab mir einen Tausend-Francs-Schein und schickte mich los, um ein Medikament zu holen. »Paracetamol«, sagte er. Als ich auf die Straße hinunterging, war alles dunkel, alle Geschäfte hatten geschlossen. Ich ging die Straße hinunter, ungefähr drei *kilo* weit, aber hatte kein Glück. Ohne Paracetamol kehrte ich nach Hause zurück. »Macht nichts«, sagte der Vater, »es wird schon wieder weggehen«, aber als ich ihn berührte, kochte er. So lagen wir eine Weile beieinander. Dann schlief ich ein.

Um sechs Uhr morgens wachte ich auf. Ich merkte, dass mein Vater schlief. »Papa«, sagte ich, »es ist schon Morgen, normalerweise weckst du mich, aber heute hast du mich nicht geweckt.« Er antwortete nicht. Dreimal wiederholte ich, was ich gesagt hatte, und er antwortete nicht. Dann klopfte ich mit der Fingerkuppe an sein Bett, um zu sehen, ob er wach war, aber er bewegte sich nicht. Ich legte meine Hand auf seinen Hals, und es war, als würde man Eis berühren. Ich tastete den ganzen

Körper ab. Alles Eis. »Vater«, sagte ich wieder, »es ist schon Morgen, du weckst mich immer, aber heute hast du mich nicht geweckt.« Er antwortete nicht, und ich begann mich zu fürchten.

Ich weiß nicht, was man in so einer Situation tun musste, und lief schreiend aus dem Haus, »*faabo, faabo*«. In unserer Sprache bedeutet das »Ich brauche Hilfe«. Die Nachbarn kamen und fragten mich, »Ibrahima, was ist los?«. »Mein Vater ist in Schwierigkeiten«, erklärte ich ihnen, »geht hinein und ihr werdet sehen.« Ein Nachbar rief einen anderen, und dieser andere den nächsten. Bevor ich mich versah, war viel Bewegung in unserem Haus. Schließlich machte sich jemand auf den Weg, um den Imam zu holen. Als er kam, schaute er sich erst meinen Vater und dann mich an. Danach noch einmal meinen Vater. Dann wandte er sich an mich und sagte, »Ibrahima, du musst mit mir kommen«. »Ich kann nicht«, antwortete ich, »ich muss hierbleiben.« »Nein, Ibrahima, du musst mit mir kommen, hier kannst du nicht bleiben«, beharrte der Imam. »Ist mir egal«, antwortete ich, »was auch passiert, ich werde bei meinem Vater bleiben.«

Ich hatte das Gefühl, dass sie mir etwas verbargen, und sagte: »Ich bin es, der aus dem Haus gegangen ist, um Hilfe zu holen. Ich glaube, wenn etwas passiert ist, muss ich wissen, was das Problem ist.« Sie sagten, dass mein Vater gestorben sei.

V

Heute weiß ich, dass jemand, wenn er stirbt, eiskalt wird. Oder dass er erst kalt wird und dann stirbt – da bin ich mir nicht sicher. Ich wollte zu meiner Mutter fahren, um ihr das zu erklären; und um mir Ratschläge geben zu lassen. Zum Beispiel, »Mutter, was mache ich jetzt mit meinem Leben?«.

Ich hatte einen alten Onkel in Conakry, er war der große Bruder meines Vaters, und zu ihm ging ich. Dass der Vater gestorben sei, sagte ich ihm, und dass ich zur Mutter ins Dorf fahren wolle, aber er antwortete mir, dass er kein Geld habe. »*Oke*«, sagte ich und kehrte nach Hause zurück. Unser Zuhause war sehr klein, nur ein einziges Zimmer. Es gab auch keine Küche. Nur eine Ecke, um zu beten, und ein Bett, um sich hinzulegen. Ich schlief auf dem Boden, auf einer Matte.

Der Vater zahlte jeden Monat einhunderttausend Guinea-Francs für die Miete. Einhunderttausend guineische Francs sind zehn Euro. Ja, zehn. Wenn man das so sagt, scheint es einfacher, aber für mich war es überhaupt nicht einfach. Wie sollte ich unsere Miete zahlen? Und wie das Busticket, um zu meiner Mutter zu fahren? Ich setzte mich auf die Treppe und dachte über diese beiden Fragen nach. Vor allem über die zweite. Und es gab noch einen dritten Gedanken, den ich nicht loswurde: meinen Vater und seinen eisigen Tod. In diesem Augenblick weinte ich.

Schließlich kam ein Nachbar zu mir. Und noch einer. Und noch einer. Sie waren nicht reich, wir alle lebten in einem großen Wohnblock, in der *haute banlieue de Conakry*, in der Banlieue von Conakry. Aber sie hatten ein gutes Herz. Sie legten mir die Hand auf die Stirn, und alle zusammen sammelten Geld, damit ich zu meiner Mutter fahren konnte. »*Jaarama buy*«, sagte ich. *Jaarama buy* bedeutet *tausend Dank* in unserer Sprache. »Nicht dafür«, antworteten sie und »viel Glück«. Ich schluckte das ganze Glück in einem Atemzug hinunter und ging die Straße hinab.

VI

In Conakry gibt es einen großen Busbahnhof, *gare-voitures* nennen wir ihn, *gare-voitures de Bambetto*. Die Busse in unser Dorf fuhren Montag und Donnerstag um sechs Uhr abends los. Aber sie kamen nicht direkt im Dorf an, sondern blieben in Kankalabé. Von dort musste man zu Fuß nach Thiankoi weiter. Noch einmal neun *kilo*. Ich fuhr an einem Donnerstag von Conakry los und kam am Freitagabend in Thiankoi an, als es schon dunkel wurde.

Als ich zu Hause ankam, konnte ich nichts sagen, aber meine Mutter sah mir an, dass etwas Schlimmes passiert war. »Ibrahima, was ist los?«, fragte sie mich. »Es geht mir nicht gut«, antwortete ich und verstummte. Wir blickten einander an. »Ich habe das Gefühl, du verschweigst mir etwas«, sagte sie.

Sie nahm einen Stuhl und setzte sich neben mich. Wir begannen uns zu unterhalten. Lange redeten wir über Vaters Diabetes und dann darüber, was ich in der

Schule lernte. »Ibrahima, wenn der Vater gestorben ist, will ich das wissen«, sagte sie. »Natürlich«, antwortete ich, und sie verstand alles. In diesem Moment brach sie in Schluchzen aus, weinte und begann Geschichten vom Vater zu erzählen. Ich bereute es ein wenig. An diesem Abend wollte ich ihr nicht sagen, dass Vater tot war, denn ich wusste, dass sie sehr viel weinen und wir alle im Haus aufwecken würden. Aber ich wusste auch nicht, wie ich die Worte für mich behalten sollte. So saßen wir bis zum Morgen da, jeder auf seinem Stuhl, Seite an Seite.

Am Morgen wurden meine kleinen Schwestern zuerst wach, Fatumata Binta und Rouguiatou. Dann mein kleiner Bruder Alhassane. Als ich sie sah, verlor ich jeden Mut, mir wurde klar, dass wir eine Familie ohne Hoffnung waren. Und ich war der Älteste der Familie. Du weißt, was das bedeutet.

Die Mutter zeigte mir ein altes Foto, eines vom Vater. »Papa«, sagte ich, und sie antwortete nicht. »Mama«, schob ich hinterher, »jetzt werde ich nicht länger auf die Schule gehen können.« Auch meine Mutter hatte darauf keine Antwort.

VII

Meine Mutter besitzt viel Geduld, aber nicht besonders viel Kraft. Wenn ich Kraft sage, meine ich Macht, und mit Macht will ich Geld sagen. Mama ist eine einfache Bäuerin, sie hat ein paar Tiere. Einige Kühe und Ziegen und einen kleinen Gemüsegarten. Sonst nichts.

Als ich sagte, dass der Vater gestorben war, machte sie mir einen Vorschlag, »Ibrahima, ich werde zwei Kühe verkaufen. Damit wirst du etwas anfangen können.« Ich widersprach und erinnerte sie daran, dass das Vieh im Haus gebraucht werde, weil nach mir noch drei Geschwister kämen, doch sie hörte nicht auf mich.

Drei Tage später sagte sie, »Ibrahima, nimm das Geld, neunhunderttausend Francs«. Neunhunderttausend guineische Francs sind neunzig Euro. »Nimm das Geld und mach was draus«, erklärte sie, und ich antwortete, »Mama, ich hab kein Talent dafür, ein Geschäft aufzubauen. Außerdem habe ich nachgedacht, und das beste wird sein, wenn ich in ein anderes Land gehe, hier habe ich keine Möglichkeiten.« Sie legte ihren Kopf in die Hände und begann zu weinen. Ob ich von zu Hause weglaufen wollte, fragte sie. »Nein, Mama, das ist es nicht.«

Schließlich akzeptierte sie meine Erklärung, »Oke«, sagte sie. »Oke« und noch zwei Dinge. Eins, »Ibrahima, pass gut auf dich auf«. Zwei, »Ich werde jeden Tage beten, damit Gott auf dich aufpasst.« »*Jaarama buy*«, antwortete ich, tausend Dank. Und dann brach ich nach Conakry auf.

VIII

Vom Busbahnhof in Conakry fahren viele Busse los, in alle Richtungen. Ich setzte mich auf eine Bank und beobachtete das Treiben. »Ich werde nach Liberia fahren«, dachte ich. Ich weiß nicht, warum, vielleicht wegen des Namens, weil man ihn leicht sagen kann. Sierra Leone und die Elfenbeinküste sind weiter weg. Außerdem hatte mir jemand gesagt, dass es in Liberia für ein Kind leichter sei, Arbeit zu finden. Ich glaube, ich habe mich auch deshalb für Liberia entschieden, obwohl ich zu dem Zeitpunkt schon kein Kind mehr war. Dreizehn Jahre war ich alt.

In der Windschutzscheibe eines Minibusses las ich: Li-be-ri-a. Aber als ich zum Fahrer ging, schüttelte er den Kopf, »Ich kann dich nicht mitnehmen, du bist zu klein«. »Dreizehn«, sagte ich. »Du bist zu klein«, wiederholte er.

Nachdem ich nicht lockerließ, fragte er, ob ich dort Familie hätte. Ich verneinte. »Und warum willst du dann dorthin?« »Hast du ein bisschen Zeit?«, fragte ich. »Der Bus fährt in achtundzwanzig Minuten von hier los«, sagte er bestimmt. »Oke«, und ich begann ihm meine Geschichte zu erzählen.

Er hörte aufmerksam zu. »Ich werde dich mitnehmen«, sagte er, »aber du musst auf dem Dach fahren, *dans le porte bagages,* dem Gepäckträger.« »Vielen Dank«, sagte ich und kletterte auf den Bus. In Afrika ist es nicht wie hier, dort reisen die Waren auf dem Rücken der Busse.

Die Koffer lagen in der Mitte, und ich setzte mich mit baumelnden Füßen an den Rand. Es war eine lange Fahrt, drei Tage dauerte sie. Der Hintern tat mir weh, und die Stirn brannte. In diesen drei Tagen dachte ich viel nach. Eins, warum ich mir Liberia ausgesucht hatte. Zwei, was ich machen wollte, wenn ich dort ankam. Drei, wie ich Mama, Alhassane, Fatumata Binta und Rouguiatou zu Hause zurückgelassen hatte. Und vier, »Wann werden wir ankommen?«.

Als der Minibus zu bremsen begann, wurde es Morgen. »Monrovia«, rief jemand, und alle stiegen die Leiter hinunter. Dann kletterte der junge Fahrer auf den Gepäckträger hinauf und begann, allen ihre Koffer hinunterzuwerfen. »Du musst auch hier raus«, befahl er mir. »Oke«, antwortete ich und sprang in einem Satz auf den Boden hinunter.

IX

In Liberia sind die Worte ganz anders, vor allem die Melodie der Worte. Die Leute dort benützen eine andere Sprache. Den Markt nennen sie *market*, und in Monrovia gibt es einen großen Markt, der Watazai heißt. Ich glaube, dass der Name französisch ist, *Watazaaai*. Auf Französisch wird das a ein bisschen lang gezogen. Auf Englisch sagt man *Waterside*, die Ortschaft auf der Seite des Wassers.

Der Watazai-Markt ist riesig, meine Augen hatten so etwas noch nie gesehen. Viele fremde Gerüche vermischen sich, und die Leute tragen riesige Lasten herum, manchmal so viel, dass sie kaum gehen können. Ich begann ihnen zu helfen. Wenn ich jemand mit einer großen Last sah, nahm ich eine Tasche und ging mit ihnen mit. Dann bezahlten sie mir etwas. Drei, sieben oder fünfzehn Libati. Und langsam begann ich ein bisschen Geld zu verdienen.

Mit dreizehn ist das Lastentragen keine einfache Arbeit. Ich war klein, während die Kartons, die ich transportierte, sehr groß waren. Die Kartons waren voller Früchte, manchmal Ananas, andere Male Avocados. Oder es waren Kleider drin. Es gab auch Kisten, bei denen ich nicht wusste, was sie enthielten, aber die mir alle Kraft nahmen. »Ich kann nicht«, sagte ich den Leuten, »dieser Karton ist stärker als ich.« »*Oke*«, antworteten sie mir, »dann werden wir uns jemand anderen suchen«, und gaben mir kein Geld.

Schließlich kannten die Leute von Watazai mich und riefen mich bei meinem Namen. »Ibrahima, komm und hilf diesen *colis* zu tragen«, oder »Ibrahima, hier, nimm das Geld.« Für mich ist das wichtig, es zeigt Nähe. Aber jeden Abend verschwanden die Leute, die mich kannten, und ich blieb allein zurück. Dann ging ich zum Bahnhof. Dort breitete ich Kartons auf dem Boden aus und machte mir ein kleines Bett. In Liberia lernte ich, auf der Straße zu schlafen.

Drei Monate lebte ich so – ich arbeitete auf dem Markt und schlief am Bahnhof. Am Ende verlor ich das Zeitgefühl. Deshalb weiß ich nicht genau, wann das, was ich jetzt erzählen möchte, geschah, ich weiß nur, dass es an einem Wochenende war, einem Samstag oder Sonntag.

Ich sah einen Mann in einer Werkstatt. Er reparierte gerade etwas, und seine Hände waren schmutzig. Ich blickte ihn an, und er mich. »Bist du aus Guinea?«, fragte er. »Ja«, antwortete ich. Er: »Dann sind wir schon zu zweit.« Er kehrte mir den Rücken zu und arbeitete weiter. Zwei, vielleicht auch drei Minuten lang. Dann drehte er sich um und fragte, »Warum bist du nach Liberia gekommen?«. »Um meine Zukunft zu planen«, antwortete ich. »Sind deine Eltern hier?« »Nein.« »Arbeitest du?« »Ich helfe Leuten auf dem Markt beim Tragen.« »Und glaubst du, dass du so deine Zukunft planen kannst?« »Nein, aber ich habe keine andere Wahl.« Er verstummte, und so schwiegen wir eine Weile, ich blickte ihn an, er arbeitete weiter.

»Ich hätte auch gerne eine Arbeit«, traute ich mich schließlich. Er antwortete nicht, er war damit beschäftigt, den Motor eines LKW zu reparieren. Als er fertig war, hob er den Kopf und fragte mich, »Was würdest du gern arbeiten?«. »Ich wäre gerne Fahrer, schon von klein auf haben mir die großen LKW gefallen, wenn ich einen jungen Kerl sehe, der einen LKW fährt, schau ich ihm lang hinterher.« Das alles sagte ich hintereinander, ohne eine Pause zu machen. »Ich bin LKW-Fahrer«, antwortete er, »aber du bist zu klein, um bei mir zu lernen. Wie alt bist du?« »Dreizehn.« »Du bist zu klein.« »Ich weiß, aber ich werde mich zurechtfinden. Sie sagen mir, was ich machen soll, und ich werde es erledigen.« Zwei- oder dreimal wiederholte ich das, und er sagte, dass ich aufhören solle, weil er ein wenig Zeit brauche, um nachzudenken. »*Oke*«, antwortete ich. Und kehrte auf den Markt zurück.

X

Drei Tage lang verbrachte ich damit, volle Obstkisten zu schleppen. Mir taten die Schultern weh. Es war Dienstag oder Mittwoch, ich weiß nicht mehr genau. Der Mann, den ich in der Werkstatt kennengelernt hatte, tauchte auf dem Markt auf, aber ich sah ihn nicht. Ich trug gerade ein großes Paket auf dem Rücken. Er folgte mir, aber ich merkte nichts. Als ich das Paket absetzte, rief er mich, »Ibrahima«, und ich drehte mich um.

»Hast du zu Mittag gegessen?«, fragte er. »Nein«, antwortete ich, und er nahm mich mit zu der Kantine nebenan. Er bestellte ein wenig Reis für uns beide, und wir aßen zusammen, einander gegenübersitzend, jeder aus seiner Schale. »Ibrahima, ich will nicht, dass du solche Arbeiten machst, das ist zu schwer für dich.« »Ich weiß, aber ich habe keine andere Wahl, deswegen mach ich es.« »Wenn du willst, komm mit mir mit, ich nehme dich als Lehrling.«

Dieser Satz war der erste Arbeitsvertrag meines Lebens.

Der Mann hieß Tanba Tegiano, und sein LKW Behn. Behn war ein sehr großer Laster, und ich zu klein, um ihn zu fahren, aber ich erledigte viele andere Arbeiten. Ich kümmerte mich um Ölstand und Reifendruck oder half dabei, die Fracht zu befestigen. Wenn sich die Fracht nicht festmachen ließ, fuhr ich auf der Last mit. »Dann bewegt sie sich weniger«, sagte Tanba.

In den sechs Monaten bei ihm lernte ich viel darüber, wie LKW ticken. Und Menschen. Zum Beispiel war Tanba kein Muslim, las keine Koranverse und betete nicht fünf Mal am Tag. Er spielte in einer anderen Mannschaft, bei den Katholiken. Die Katholiken haben ein paar andere Taktiken und Bräuche. All das erklärte mir Tanba. Und ich sagte, »Langsam, Tanba, dein Behn-Laster ist sehr groß, viele Leute passen bei ihm rein«.

Tanba war ein guter Mensch, ich weiß nicht, wie ich ihm für all das danken soll, was er für mich getan hat. Er gab mir zu essen, Kleider und eine Familie. Sechs Monate wohnte ich in seinem Haus. Tanba, seine Frau und zwei Kinder, zusammen vier Personen. Und mit mir fünf. Sie schliefen in einem Zimmer, und ich im Wohnzimmer, auf dem Teppich.

Eines Tages rief ich zu Hause an.

Mutter nahm ab, »Alo?« Ich fragte, wie es ihr gehe, und sie antwortete, »Djantou«. Das ist Pular und bedeutet *gut*. Aber dann gab sie das Telefon meinem kleinen Bruder, und er sagte nicht *djantou*. Er erklärte, »Ibrahima, Mama geht es nicht gut, sie hat gesundheitliche Probleme. Ich verstehe es nicht ganz, aber ich mache mir Sorgen. Wenn du kannst, musst du nach Hause kommen«. »Oke«, antwortete ich, und als ich auflegte, war meine Hand ganz kalt. Ich versuchte es Tanba zu sagen.

»Tanba, meiner Mutter geht es nicht gut, gibst du mir die Erlaubnis, nach Guinea zurückzukehren?« »Ibrahima, jetzt, wo du gerade anfängst, dich in der Welt der Schwerlaster ein bisschen auszukennen, willst du nach Hause gehen?« »Nein, das ist es nicht«, erklärte ich ihm, »ich will hier bleiben, aber ich muss gehen, meiner Mutter geht es sehr schlecht, Alhassane hat mich gebeten heimzukommen.« Tanba schwieg einen Moment und sagte dann, »Ich weiß«, aber ich verstand nicht, was er wusste. »Wenn du willst, rufen wir noch einmal an«, insistierte ich, »dann redest du mit meiner Mutter oder Alhassane, um meine Gründe besser zu verstehen.« Wieder schwieg er einen Moment und sagte, »Ich weiß, ich verstehe das, wenn du gehen musst, werde ich dir helfen«.

Er gab mir einen großen Sack voller Kleider. Und ein bisschen Geld. Ich steckte es mir in die Tasche, den Sack nahm ich auf den Rücken und dann kehrte ich nach Conakry zurück. In Conakry nahm ich sofort den Bus nach Kankalabé. Und von dort ging ich zu Fuß nach Thiankoi.

XI

Als ich zu Hause ankam, war Mama sehr schwach. »Ich muss dich ins Krankenhaus bringen«, sagte ich. »Ins Krankenhaus? Wie das denn?«, fragte sie. »Mach dir keine Sorgen, Mama, ich weiß schon, wie.« Weißt du, wie ich sie hingebracht habe? Hier, auf dem Rücken, im Huckepack.

Unser Haus ist neun *kilo* vom Krankenhaus entfernt, fast zehn. Wir gingen die ganze Strecke zu Fuß, jeder Schritt war Schwerstarbeit. Wenn ich müde wurde, habe ich mich gebückt, Mama auf dem Boden abgesetzt und eine Pause gemacht. Danach kniete ich mich auf allen vieren hin und sagte, »Steig auf«. Ich nahm sie auf den Rücken und hü! Mein kleiner Bruder ging neben mir her. Ab und an sagte er, »Es fehlt nicht mehr viel«. Er sagte das mindestens sieben Mal, es fehlt nicht mehr viel. Schließlich kamen wir an.

Im Krankenhaus saßen wir drei oder vier Stunden lang im Warteraum. Irgendwann kam dann der Arzt und sagte uns, dass Mama Wasser im Körper habe, »Mindestens zwei Liter«, erklärte er. Er verschrieb uns Medikamente und sagte, dass wir gehen könnten. »Wir wohnen sehr weit entfernt von hier«, antwortete ich. »*Oke*«, er verstand, was ich sagen wollte, »deine Mutter werde ich auf dem Motorrad heimbringen, aber ihr müsst zu Fuß gehen.«

»*Dakor*«, antworteten Alhassane und ich.

Den Rückweg über unterhielten wir uns, wir liefen und redeten. Und der Weg war viel kürzer.

Zuerst in ihrem Bauch, neun Monate oder mehr. Dann an der Brust oder auf dem Rücken – wie viele Jahre? Sie wäscht dich, sie gibt dir zu essen, bis du irgendwann größer geworden bist. Deshalb haben wir Fula in Guinea ein Sprichwort:

Selbst wenn du die Mutter auf den Rücken nimmst
und zu Fuß nach Mekka trägst,
hast du nicht ein Hundertstel von dem
zurückgezahlt, was sie alles für dich getan hat.

XII

Wenn ich wählen könnte, wäre ich lieber nicht der älteste Sohn. Vielleicht der zweite oder der kleinste, aber
nicht der älteste. Das würde die Dinge ein wenig ändern.
Doch darüber hat Gott entschieden, und ich kann nichts
dagegen sagen. Ich erreichte als Erster unser Haus, Alhassane kam als zweiter ins Ziel.

Als ich aus Liberia zurückkam, war Alhassane noch
ein Kind, aber er begriff schon viele Sachen. In der Zeit,
in der ich weg gewesen war, schien er mir sehr gewach-
sen zu sein. Wenn du der Älteste im Haus bist, passiert
das oft, die Verantwortung zieht deinen Körper in die
Länge. Außerdem sagten alle seine Lehrer, »Dieser Junge begreift sehr schnell«. An dem Tag, als wir Mama ins
Krankenhaus brachten, fragte er mich, »*Koto*, was wirst
du jetzt tun?«. *Koto* bedeutet in unserer Sprache ›großer
Bruder‹. »Solange es Mama schlecht geht, werde ich da-
heimbleiben«, antwortete ich, »und nicht nach Liberia
gehen.« Alhassane erwiderte nichts, aber war zufrieden.
Er lachte, mit den Lippen. Und mit den Augen auch.

Alhassane brach frühmorgens auf, weil er einen langen
Schulweg hatte. Ungefähr neun *kilo*. Und seine Schritte

kurz waren. Er war elf Jahre alt. Irgendwann besorgte ich ihm einmal ein altes Fahrrad, mit dem er den Weg hin und zurück schneller zurücklegte. Wenn er nach Hause kam und sah, dass ich am Brunnen die Wäsche wusch, kam er zu mir und begann mir zu helfen, ohne irgendeine Frage zu stellen.

Alhassane wusste, welche Möglichkeiten unsere Familie besaß. Und deswegen stellte er nie Forderungen. Ich merkte, wenn er sich etwas wünschte, vielleicht ein paar neue Schuhe oder etwas Schönes zum Anziehen, weil er das bei seinen Freunden gesehen hatte. Aber er fragte nie danach, denn er wusste, dass wir es uns nicht leisten konnten. Ich sah das alles in seinen Augen und versuchte zu besorgen, was ich konnte. Vor allem damit er zufrieden in die Schule ging. Papa hatte mir die Aufgabe mit auf den Weg gegeben, »Ibrahima, versuch alles zu tun, was du kannst, damit Alhassane weiter in die Schule geht«.

An diesen Satz erinnere ich mich jetzt oft.

XIII

Schließlich blieb ich zwei Jahre zu Hause. An vielen Tagen stand Mama kraftlos auf, und ich musste sie in eine Hängematte legen. Damals wurde ich zur Mutter. Ich ging zum Brunnen, um Wasser zu holen, und brachte Holz. Dann sah ich nach dem Vieh und spülte die Schalen der kleinen Schwester ab. So ist die Hausarbeit. In den meisten Familien machen die Mütter diese Arbeit, aber bei uns kümmerte ich mich darum.

Unter diesen Arbeiten gab es eine, die ich sehr gern mochte. Die kleinen Schwestern auf den Rücken nehmen. Dafür muss man mit einem Tuch einen Knoten machen. Hier sieht man das nicht viel, aber in Afrika kennen alle diesen Knoten, um sich die Kinder auf den Rücken zu binden. Es sieht kompliziert aus, aber wenn du es zweimal gemacht hast, ist es beim dritten Mal nicht sehr schwer. Das Wichtigste ist, ein langes Tuch zu haben.

Ich habe zwei kleine Schwestern, Fatumata Binta und Rouguiatou. Ich glaube, ich habe das schon vorher erwähnt. Rouguiatou ist die kleinste und schreibt sich: Rou-gui-a-tou. Fatumata Binta ist ein klein bisschen älter, drei oder vier Jahre, und hat auch einen längeren Namen. Aber beim Reden wird Fatumata verschluckt, und man sagt nur Binta.

Meine beiden kleinen Schwestern sind nie auf die Schule gegangen, aber als ich das letzte Mal bei ihnen anrief, sagte Binta, dass sie etwas lernen will. »Klar«, antwortete ich, »du bist jetzt groß geworden und musst in die Schule gehen und hinterher einen Beruf lernen.« »Was denn zum Beispiel?«, fragte sie. »Nähen vielleicht oder sticken. Gefällt dir das?« Ja, erwiderte sie.

Dann gab sie Rouguiatou das Telefon, und sie fragte mich, ob wir uns wohl eines Tages wiedersehen werden. Ich antwortete, »*Inschallah*, das ist es, was ich mir wünsche«, und sie sagte, dass sie jeden Tag an mich denke, dass dieser Gedanke in ihrem Kopf anfängt und niemals aufhört. »Und warum denkst du an mich und nicht an Alhassane?« »Das kann ich dir nicht beantworten, *koto*, aber ich glaube, dass Mama und du uns einige Sachen verheimlicht.«

Rouguiatou ist jetzt elf oder zwölf Jahre alt. Ich weiß es nicht genau.

XIV

Bis ich sechzehn war, blieb ich in Thiankoi, sah nach den Ziegen und Kühen und wusch die Kleider meiner kleinen Schwestern. Alhassane half mir viel. Manchmal, wenn nicht so viel zu erledigen war, setzten wir uns jeder auf einen Stuhl und unterhielten uns. »Das Leben ist nicht einfach«, sagte der eine. »Nein, einfach ist es nicht«, pflichtete der andere bei. Und dann fingen wir an Pläne für die Zukunft zu schmieden.

»Alhassane, du musst weiter in die Schule gehen, du hast große Augen und damit wirst du vieles lernen.« Damit wollte ich sagen, dass er aufgeweckt ist, aber ich weiß nicht, ob er es verstand. Ich hatte begriffen, dass seine Wünsche dabei waren sich zu ändern.

Eines Tages sagte er, »Großer Bruder, ich will anfangen dir zu helfen«. »Wie denn helfen?«, fragte ich. »Ich hätte gern einen Beruf.« »Aber welchen Beruf?« »Ich weiß nicht.« Er schwieg nachdenklich und wusste nicht, was er sagen sollte. »Zum Beispiel Motorradmechaniker«, erklärte er. »Nein, Alhassane, du bist noch zu klein, du bist noch nicht vierzehn, du musst weiter zur Schule gehen.« »*Oke*«, gab er nach.

Er traute sich nicht, mir zu widersprechen, aber in

seinem Kopf ging *définitivement* etwas vor. Er wollte nicht mehr in die Schule gehen, wollte irgendwo anders hin. Ich schlug ihm vor, »Alhassane, lass uns spazieren gehen«. Und ich begann ihm mein Leben zu erzählen. Wie ich von fünf bis dreizehn in Conakry gelebt hatte, hinter dem kleinen Stand des Vaters am Straßenrand. Und wie ich danach sechs Monate in Liberia gewesen war, auf dem LKW von Tanba. All das, was ich dir bisher erzählt habe.

»Das weiß ich alles«, sagte er mir.

Irgendwann begann es Mama wieder besser zu gehen, und das änderte meine Lage. Deshalb näherte ich mich ihr eines Nachts und sagte, »Entschuldige, Mama«. »Was ist denn?«, antwortete sie. »Ich habe ein bisschen nachgedacht und werde wieder nach Conakry gehen, ich will sehen, wie es dort jetzt zugeht.« Meine Mutter schwieg einen Moment, mit hängendem Kopf. »Ja, Mama, ich hoffe, in Conakry ein bisschen Geld verdienen zu können. Sonst wird Alhassane mit der Schule aufhören.« Als ich das sagte, weinte meine Mutter und küsste mich neben das Ohr.

Am nächsten Morgen brach ich sehr früh nach Conakry auf.

XV

Nzérékoré ist der Name einer Provinz in Guinea, von Conakry sind es ungefähr 1500 *kilo*. Drei oder vier Jahre lang bin ich dort hingefahren, mit einem LKW, weil ein Fahrer mich als Lehrling genommen hatte. In einer Woche fuhren wir von Conakry nach Nzérékoré und in der Woche darauf kehrten wir von Nzérékoré nach Conakry zurück. Dieser Mann machte viel für mich, er brachte mir den Beruf bei.

Ich erinnere mich, wie wir eines Nachts in der Nähe von Banankoro einen Berg hochfuhren. Der LKW war stark beladen, und der Motor schaffte es nicht. Ich merkte es, aber sagte nichts, sondern versuchte dem Laster ein bisschen zu helfen. Plötzlich hörten wir Lärm ta-ta-ta-ta-ta. Der Chef sagte mir, ich solle mich unter den LKW legen, um nachzusehen, woher der Krach kam. Ich sprang ab. »Leg den ersten Gang ein und fahr langsam vorwärts«, sagte ich. Er machte es. Aber da war wieder dieses Geräusch: ta-ta-ta-ta … »Das Geräusch kommt von unter dem Motorblock«, sagte ich, und er antwortete, »*le roulement*, das Kugellager ist kaputt«.

Wir fuhren den LKW an den Straßenrand und warteten, ob jemand vorbeikam. Zwanzig Minuten, vierzig Minuten, eine Stunde. Niemand fuhr vorbei, nur die Zeit verging. Schließlich tauchte ein Motorrad aus der Nacht auf, und wir hielten es an. Der Chef fuhr nach Banankoro, um ein neues Kugellager zu besorgen. Ich blieb, um auf den LKW aufzupassen, am Straßenrand. Zwei Tage später kam der Chef zurück.

Heute weiß ich, wann es ein Problem mit dem Motor ist und wann eines mit der Kurbel. Ich kenne das Motorengeräusch und weiß, wie es sich anhört, wenn die

Gänge gewechselt werden. Aber wenn die Elektrik das Problem ist, weiß ich nicht, was zu tun ist. Ich kann ein bisschen fahren, der Chef hat mich manchmal an das Lenkrad gelassen. Drei oder vier *kilo*, wenn der LKW unbeladen war und keine Kurven kamen. »Ibrahima, bring mir den Kanister«, sagte er, und ich gab ihm den Zehnliterkanister. Er stellte ihn auf den Fahrersitz und sagte, »Komm her«. Ich setzte mich auf den Kanister, mit den Händen am Lenkrad.

So habe ich fahren gelernt.

XVI

Eines Tages, als wir in Nzérékoré waren, gab mir der Chef das Telefon, damit ich zu Hause anrief. Ich hatte einige Zeit nicht mehr gehört, was in Thiankoi los war. Ich rief an, und meine Mutter ging ran, »Alo?«. »Mama, ich bin's, Ibrahima, wie geht es dir?« »*Djantou*, Allah sei Dank, und dir?« »Mir geht es auch sehr gut, *alhamdulillah*.« Nach diesen zwei oder drei Höflichkeitssätzen fragte ich noch einmal, »Mama, geht es dir gut?«. »Ja, mir geht es gut, aber von Alhassane habe ich seit drei Wochen nichts gehört. Er ist von zu Hause weggegangen, und seitdem habe ich nichts mehr von ihm gehört. Weißt du etwas, Ibrahima?«

Ich wusste nichts. Seit drei oder vier Jahren war ich damals von zu Hause weg, und in dieser Zeit hatte ich nur dreimal mit Alhassane gesprochen. Er hatte mir auch nie davon erzählt, dass er irgendwo hingehen wollte.

»Gib mir ein bisschen Zeit«, sagte ich meiner Mutter, »ich werde versuchen, etwas rauszubekommen.«

Als ich nach Conakry zurückkehrte, klopfte ich beim ältesten Bruder meines Vaters, um zu hören, ob Alhassane dort vorbeigekommen war. Nein, sagte er mir, er wisse nichts. »*Oke*«, antwortete ich und kehrte in die LKW-Werkstatt zurück.

Die Zeit verstrich, ein paar Wochen, vielleicht auch ein Monat oder etwas mehr, ohne dass es Neuigkeiten von Alhassane gegeben hätte. Ich entschied, ins Dorf zur Mutter zurückzukehren.

In Conakry kaufte ich zwei Säcke Reis und fuhr mit dem Bus nach Kankalabé. Von dort ging ich, mit dem Reis auf dem Rücken, zu Fuß nach Thiankoi. Mama war hinter dem Haus im Gemüsegarten. »Ibrahima«, sagte sie. »Mama«, antwortete ich, »ich hatte wirklich keine Ahnung.«

Ich verbrachte eine Woche bei ihr und begann in der Lücke, die Alhassane gerissen hatte, meine Schwäche zu spüren. Wenn ich Schwäche sage, meine ich Schuld. Ja, meine Schuld. Weil ich ihm versprochen hatte, bei der Ausbildung zu helfen, aber das hatte ich nicht gekonnt, ich war nur ein Lehrling und verdiente kein Geld. Und dann war er weggegangen.

Vor dem Haus stand ein Orangenbaum, den mein Vater gepflanzt hatte. Ich setzte mich neben ihn und überlegte, »Wo wird mein kleiner Bruder denn jetzt wohl sein?«. Binta und Rougiatou kamen zu mir, aber ich achtete nicht auf sie. Ich konnte nicht. Ich wollte aufbrechen. Nach Liberia, Mali, Sierra Leone, Mauretanien, irgendwohin, um meinen kleinen Bruder zu suchen.

Ich stellte meiner Mutter viele Fragen, um zu wissen, was sie dachte, und sie antwortete, »Ibrahima, geh nach Conakry zurück, gib deine Lehre nicht wieder auf, wenn ich Nachrichten bekomme, geb ich dir Bescheid«.

»*Dakor*«, sagte ich und kehrte nach Conakry zurück. Um zu lernen, wie man Schwerlasten transportiert.

XVII

Ein paar Monate vergingen, ohne dass ich etwas erfuhr, aber eines Morgens kam ein Freund aus Conakry zu uns in die Werkstatt. Es war Freitag, der Tag, an dem wir Filter und Motoröl beim LKW wechselten. »Ibrahima«, sagte er, und ich drehte mich um. »Deine Mutter hat mich angerufen, sie hat Nachrichten von Alhassane.« »*Ah, bon?*« »Ja, Alhassane ist in Libyen.« Ich verstummte. Er sagte es noch einmal, »Er ist in Libyen«.

Ich atmete tief ein, die Luft schnitt in der Kehle. »Er ist ein Kind, als ich ihn das letzte Mal sah, war er noch nicht einmal vierzehn. Was will er in Libyen? Und wieso hat er sich entschieden, dorthin zu gehen, ohne etwas zu sagen? Das hatten wir beide nicht so ausgemacht.« All das ging mir durch den Kopf. Und noch andere Sachen: »Wie hat er es ohne Geld nach Libyen geschafft?«

An diesem Nachmittag rief ich meine Mutter an. »Mama, wer hat dir gesagt, dass Alhassane in Libyen ist?« »Ibrahima, ich habe mit ihm gesprochen, und er hat es gesagt.« »Und du bist dir sicher, dass du ihn richtig verstanden hast?« Als ich das fragte, wurde Mama ein bisschen sauer. »Ibrahima, glaubst du nicht, was deine Mutter dir sagt?«

Doch, antwortete ich, aber ich war mir nicht sicher, weil meine Mutter noch nie eine Karte von Afrika gesehen hat und sich nicht vorstellen kann, wie weit es nach Libyen ist. Wenn du ihr sagst, »Hier ist Libyen, dort Algerien, und das Marokko«, wird meine Mama *»oke«* sagen, aber ohne es zu verstehen.

»Ibrahima, Alhassane ist in Libyen«, sagte sie erneut. Und gab mir eine Telefonnummer. »Alhassane hat von dieser Nummer aus angerufen. Ruf du dort an und versuch mit ihm zu sprechen.« *»Dakor«*, antwortete ich.

Als ich auflegte, dachte ich, »Er ist in Libyen«. In Libyen.

XVIII

Dreimal rief ich bei der Nummer an, die Mama mir gegeben hatte, und niemand antwortete.

Beim vierten Mal sagte ein alter Mann *»Alo?«*. Ich fragte, »Alhassane?«, und die Stimme des Alten antwortete, »Warte«. Geschrei war zu hören, »Alhassane Balde? Alhassane Balde?«. Wenig später war er am Telefon.

Worte der Begrüßung, dann fing der Junge an zu weinen.

»Miñan, was suchst du denn in Libyen?«, fragte ich ihn. *Miñan* ist Pular und bedeutet ›kleiner Bruder‹ oder

›kleine Schwester‹, man sagt es zu jüngeren Geschwistern. Er antwortete, dass er nach Europa wolle. »Und du darfst nach Europa gehen, ohne mir vorher etwas zu sagen?« Er bat mich um Entschuldigung und sagte, dass er mir helfen wollte, aber nicht wusste, wie. »Kleiner Bruder, nur Gott kann uns helfen, niemand sonst.« »Ich weiß«, sagte er. Und dann redeten wir lange.

»Ich bitte dich nur um eins, *koto*«, sagte er, »vergiss Mama nicht. Denk an nichts anderes, denk nicht daran, wie ich von zu Hause weggegangen bin, wie ich die Schule verlassen habe. Ich wollte bloß einen Weg einschlagen, um zu helfen, weil es hinter uns keine Zukunft gibt. Ich habe mich umgesehen, und da ist nichts.« »Ich weiß, kleiner Bruder«, antwortete ich, »das weiß ich alles.«

Schon bald würde das Telefonguthaben verbraucht sein, und ich fragte ihn, wo er war. Er antwortete, dass er in Sabrata sei, in einem großen Flüchtlingslager namens Baba Hassan, und auf die Gelegenheit warte, das Meer zu überqueren. »Sei vorsichtig, kleiner Bruder«, bat ich ihn. Ja, antwortete er. Dass er vorsichtig sein werde, dass er es mir verspreche.

Drei oder vier Tage später bin ich aufgebrochen, um ihn zu suchen. In einem Bus, der von Conakry nach Siguiri fuhr. Es war zehn Uhr null null.

Zweiter Teil

I

Ich traf am nächsten Tag nachmittags in Siguiri ein, um sechzehn Uhr null null. Ich wartete dort, bis es dunkel wurde, und überlegte, »Wie komm ich von dort aus weiter?«. Ich wollte nach Bamako, aber das war nicht billig, obwohl meine Mutter drei Ziegen verkauft hatte. Ich fragte herum und fand schließlich einen LKW-Fahrer.

»Wohin fährst du?«, fragte ich. »Nach Bamako«, antwortete er, »alle zwei Wochen fahre ich von Conakry nach Bamako und wieder zurück.« »Ich war auch schon viel mit dem LKW unterwegs«, erklärte ich, »ich weiß, wie man mitfährt, ohne dem Fahrer Schwierigkeiten zu machen.« Ich schwieg einen Moment und blickte ihn an. Ins Gesicht, auf den Körper, auf die Tasche. »Wie viel Geld hast du?« »Wenig.« »Wenn du mir 33 000 Francs gibst, nehme ich dich mit.« »Oke.«

Er öffnete die Tür zur Ladefläche und sagte, »Steig ein«. Zwischen Weizen versteckt machte ich mich auf den Weg.

Bamako ist eine Wegkreuzung. Viele Wege kommen dort an, und viele führen von dort fort. Wege, Menschen und Waren. Niemand bleibt dort. Am Busbahnhof hörte ich ein auf Susu geführtes Gespräch und dachte, »Hier sind ein paar Guineer unterwegs«. Einen von ihnen fragte ich, »Kommt man von hier nach Gao?«. »Nein«, antwortete er, »der Bahnhof, von dem die Busse nach Gao abfahren, ist nicht hier. Das ist der Guinea-Park. Der Gao-Park ist dort.« »Ich kenne mich nicht aus in Bamako«, sagte ich. »Folg mir«, antwortete er.

Wir liefen durch die Straßen von Bamako. Erst nach rechts, dann nach links, dann ich weiß nicht wohin. Ich erinnere mich nicht mehr daran. Aber wir kamen an.

Der Gao-Park ist sehr groß. Viele Leute waren dort. Manche schliefen auf den Parkbänken, andere tranken Kaffee. Einige hatten ein Kind auf dem Rücken, andere machten Geschäfte. Ich ging zu einem Fahrkartenschalter und fragte, »Was kostet der Bus nach Gao?«. »Bamako-Gao«, antwortete der Verkäufer am Schalter, »9000 Francs«. Das Geld in Mali heißt auch Franc, aber es sind CFA und sie werden nicht so gezählt wie in Guinea. In Mali sind 9000 Francs ungefähr 13 Euro. »Oke«, sagte ich dem Verkäufer, und er gab mir den Fahrschein.

Auf dem Weg war es dunkel, und der Bus schlief ein. Als ich aufwachte, waren wir in der Wüste.

II

Der Weg nach Gao ist weit. Und nicht einfach. Die Hitze verbrennt das Glas, und das Glas die Ohren. Der Bus hält nicht an. Auch wenn du einschläfst, fährt der Bus weiter. Weiter, immer weiter, weiter als eine Nacht.

Zwei Nächte, drei. Und dann Gao.

Der Bus hielt neben einer Brücke, und wir mussten alle aussteigen. Auf der einen Seite der Brücke standen die Soldaten von Mali, auf der anderen die Tuareg. Ich sah beide, und beide Seiten trugen Waffen. Jeder bewachte seine Seite, wie in einem Krieg. Aber als wir ankamen, gaben sie sich Zeichen und koordinierten die Bewegungen.

Ja, den Handel organisieren sie zusammen. Den Handel mit Migranten.

Der Bus setzte mich am Zugang zur Brücke ab, neben den Soldaten von Mali, aber ich durfte die Brücke nicht zu Fuß überqueren. »Stop«, befahl mir der Soldat, »warte hier.« Von der anderen Seite kam ein Pick-up der Tuareg, um mich abzuholen und mitzunehmen. Der Soldat sah alles und sagte nichts.

Auf dem Pick-up waren wir zu neunt, und auf der Fahrt begann mich der Bewaffnete auszufragen. »Musa Onze oder Musa Kone?«

Musa *Onze* ist ein Kriegsherr, und Musa *Kone* ein anderer, und zusammen haben sie den ganzen Norden Malis unter sich aufgeteilt. Jetzt weiß ich das, aber damals hatte ich keine Ahnung, es war das erste Mal, dass ich diese Namen hörte. »Ich kenne hier niemanden«, sagte ich. »Willst du nach Algerien?«. fragte er mich, und ich antwortete, »*Oui*«.

Aber sie nahmen mich nicht mit

Der Pick-up blieb vor einer hohen Mauer stehen. In der Mitte der Mauer öffnete sich eine kleine Tür, von unten nach oben, und sie schubsten mich hinein. »*Al-*

lez, rein da.« Im Inneren befand sich ein kleines, mit Mauern und Zäunen abgeriegeltes Grundstück. Und dort, eingesperrt zwischen den Mauern, viele Leute. Ich weiß nicht, wie viele wir wohl waren, einhundertsechzig, einhundertachtzig, ich weiß nicht. Große Zahlen sind schwer zu überschlagen, aber wir waren viele. Alles Leute wie ich.

Die Wächter verlangten Geld von uns, »Zahl und du kommst nach Algerien«. Und dann hoben sie die Waffen, »Zahlst du nicht, bringen wir dich um«. Das waren keine Kinder, die das sagten, sie waren älter als ich und wussten, wovon sie redeten.

Ich überließ ihnen die drei Ziegen meiner Mutter, 700 Guinea-Francs, sechzig Euro. »Hast du nicht mehr?« »Nein.« Sie schrieben meinen Namen auf eine Liste, und einige Tage später kam ein Bus, um uns einzusammeln.

III

Wir waren vierundneunzig Personen, die auf den LKW stiegen, hundert weniger sechs. In Kidal mussten wir alle herunterklettern und wurden erneut gezählt. »Vierzig, sechzig, achtzig, plus vierzehn, vierundneunzig. Ist *oke*«. Und wir fuhren weiter, durch die offene Wüste.

Ihr habt hier das Meer, aber dort haben wir die Wüste. Wenn deine Augen noch nie die Wüste gesehen haben, kannst du nicht begreifen, wie das ist. Die Wüste ist eine andere Welt, du betrittst sie und denkst, »Ich werde hier nie wieder rauskommen«.

Dort sehen alle gleich aus. Sie sprechen Arabisch oder Tuareg oder sie sagen, dass sie Tuareg sind, aber sprechen Arabisch. Ich kann den Unterschied zwischen ihnen nicht erkennen. Für mich sind sie alle von Boko Haram oder vom Islamischen Staat. Aber ich kenne mich nicht gut aus.

Fünf Tage fuhren wir auf dem LKW, ohne etwas zu essen. Trinkwasser gab es nur aus einem kleinen Kanister, sonst nichts. Einige kotzten, andere machten sich einfach in die Hosen. Wenn du dort pinkeln musst, musst du dir in die Hose machen, du hast keine andere Wahl. Der LKW hält nicht an.

Ich dachte, dass wir nach Algerien fahren würden, in Gao hatten sie uns das gesagt. Einige andere hatten »Italien« gesagt und waren in den LKW nach Italien eingestiegen. Die meisten hatten sich für »Spanien« entschieden und waren in den LKW nach Spanien gesteckt worden. Aber das war alles nur eine Lüge, ein Trick, um uns das Geld abzunehmen.

IV

Wenn du in den Händen der Tuareg bist, bist du nicht vor oder hinter, sondern mittendrin, mittendrin im Nichts. Und plötzlich siehst du ein Gefängnis, im Herzen der Wüste. Ein Gefängnis, das Alte und Kinder bewachen. Alle tragen dort Kalaschnikows auf der Schulter. »Wo bin ich?«, fragst du, und du bist in Taalanda.

Als Eingang dient ein großes Tor. Ich ging hindurch, ohne den Kopf einzuziehen, und dann stand ich auf einem großen, befestigten Hof. Darauf Hütten, tak tak tak, aufgereiht wie Schuhkartons. Neben jedem Karton ein oder zwei Bewaffnete. Aber warte, Taalanda hört dort nicht auf. In der Mitte dieses großen Hofs ist eine weitere Tür, und dahinter liegt noch ein Hof. Ein runder Sandplatz. In der Mitte nichts, außenrum Mauern. Dort haben sie mich hingebracht. Weißt du, was für ein Ort das ist? Es ist ein Markt. Ein Markt, auf dem Menschen gehandelt werden.

Ich werde dir erklären, wie das funktioniert.

Du bist in deiner Ecke, sitzt auf dem Boden oder liegst herum. Die Erde ist sandig, und einmal am Tag kommen sie mit Eintopf vorbei. Du musst deine Arme ausstrecken und deine Hand hinhalten. Dort schmeißen sie dir das Essen drauf – als wärst du ein Hund. Aber manchmal bringen sie das Essen direkt vom Feuer, und es verbrennt dir die Hand. Dann lässt du es auf den Boden fallen und hast den ganzen Tag nichts zu essen. Am nächsten Tag kommen sie wieder, um die gleiche Zeit, und machen dasselbe. Aber ich glaube, dass ich dir etwas anderes erklären sollte, ich habe den Faden verloren. Worüber habe ich gerade gesprochen?

Ach ja, vom Markt, von dem Markt in Taalanda. Ich werde noch einmal neu anfangen.

Du bist in deiner Ecke, liegst oder hockst auf dem

Boden. Er ist aus Sand. Jemand wird deinen Namen sagen oder dich ohne Namen zu sich rufen, »*Toi, viens ici*«. Dann musst du in die Mitte treten. Derjenige, der dich kaufen will, wird zu dir kommen und dich zu mustern beginnen. Von oben nach unten. Von unten nach oben. Dann wird er »*oke*« sagen.

Sie werden noch jemanden rufen. Der Käufer wird auch ihn von oben nach unten betrachten, so wie dich. Und wenn er damit fertig ist, wird er sagen, »Ich will die beiden«. Der Tuareg wird ihm einen Preis vorschlagen, und er wird dich erneut mustern. Von Kopf bis Fuß und wieder hinauf. Und dann wird er dem Tuareg das Geld geben.

Aber mich kauften sie nicht. Sie kamen ein-, zwei-, dreimal, um mich anzuschauen, aber kauften mich nicht. Ich blieb dort, drei Tage lang, in Taalanda.

V

Es gibt zwei Möglichkeiten, Taalanda zu verlassen. Eine ist, dass dich jemand kauft und mitnimmt. Du weißt nicht, wohin, und nicht, wozu. Die andere Möglichkeit ist, dass deine Familie Geld schickt. Aber dafür muss deine Familie auch Geld haben.

Als sie mich ins Gefängnis steckten, durchsuchten sie mich am ganzen Körper. Wenn ich ›am ganzen Körper‹ sage, dann meine ich alle Öffnungen des Körpers. Auch die, die bekleidet sind. Sie machen das, um herauszufinden, ob du Geld hast. Und ich trug nichts bei mir, hatte nur den Personalausweis in einer Tasche, sonst nichts. Sie nahmen ihn mir ab. Seitdem lebe ich ohne Papiere, und wenn du keine Papiere hast, bist du nicht mehr wert als eine Ziege. Aber der Tuareg befahl mir, meine Familie anzurufen, um Geld von ihr zu verlangen, »Sonst werden wir dich töten«.

Ich rief niemanden an. Und ich blieb dort, als Gefangener. Jeden Mittag der Hundefraß. Die Blicke. Von Kopf bis Fuß und vom Fuß zum Kopf. Dann, *»oke«*.

Doch es gibt noch eine andere Möglichkeit, Taalanda zu verlassen, eine letzte Option. *La fugue*. Die Flucht. Ich bin auf diese Weise davongekommen, und jetzt werde ich dir erzählen, wie. Aber warte einen Moment, ich muss vorher einen Schluck Wasser trinken.

Also gut. *La fugue*.

In Taalanda freundete ich mich mit einem anderen Gefangenen an. Er war Guineer, ein Susu, und ich spreche mehr als tausend Worte Susu. Die Tuareg nicht. Am dritten Tag ging ich zu ihm und sagte, *»Boore*, heute Nacht werden wir fliehen«. *Boore* ist Susu und bedeutet Freund. »Ja«, antwortete er, »ich will auch fliehen, aber wie, diese Mauer ist höher als wir.« Bevor er anfing, war er schon verzweifelt. »Ja, sie ist größer, aber schon ein bisschen alt«, bekräftigte ich, »sie hat Löcher, vielleicht können wir an ihr hochklettern.« *»Oke«*, antwortete er, »wir werden es versuchen.« Und so warteten wir auf die Nacht.

Nachts, als es dunkel geworden war, setzten wir unseren Plan in die Tat um.

Alle schliefen. Die Gefangenen. Die Wärter. Die Mauern. Wir verließen die Zelle und stellten uns an die Wand. Sie hatte Löcher, mindestens zwanzig. »Folg mir!«, sagte ich meinem Freund und stieg vorsichtig nach oben. Eins, ein Loch finden. Zwei, die Hand festklammern. Drei, den Körper nachziehen. Und so Loch für Loch, bis wir oben auf der Mauer angekommen waren, wie eine kleine Ameise.

Von oben sprang ich auf der anderen Seite herunter.

Aber die andere Seite war auch noch Taalanda. Wir standen auf der großen Fläche, die den runden Innenhof umgibt, die Fläche mit den Häuschen. Um zu fliehen, mussten wir noch eine Mauer überqueren. Eine mindestens sechs oder sieben Meter hohe Mauer.

Ich blickte mich um, ob ich eine Möglichkeit fand, um hochzuklettern, ein paar Löcher. Auf der Rechten, der Linken. Aber nichts. Schließlich entdeckte ich ein langes Stück Holz, und mit ihm als Leiter begann ich die Wand hochzusteigen. Die Arme, den Körper, die Füße, alles ganz lautlos. Als meine Finger oben über die Mauer reichten, zog ich mich mit aller Kraft hoch; ich kratzte mir die Haut auf, es drückte mir das Herz zusammen. Und dann auf der anderen Seite herunterspringen. Mindestens sechs oder sieben Meter.

Draußen war alles Sand, und der Sand versteht es, leise zu sein. Mein Freund schaffte es auch, die Mauer nach oben zu klettern, aber als er oben war, lehnte er sich zu weit nach vorn und fiel herunter. Er blieb im Sand liegen, konnte nicht aufstehen und jammerte. Ich glaube, dass er sich ein paar Knochen gebrochen hatte, aber ich bin mir nicht sicher, ich weiß es nicht. Ohne ihm zu helfen, lief ich davon. Fliehen, ich wusste nicht wohin, aber fliehen.

Hinter mir hörte ich Rufe und rannte davon.

Als ich etwas Abstand gewonnen hatte, legte ich mich hin und blickte zurück. Ich sah ein Licht, Schläge, jemand redete Arabisch. Sie schlugen den Susu zu Brei. Sie prügelten lang auf ihn ein und schleiften ihn dann über den Boden nach drinnen. Drinnen gingen die Schreie weiter. In der Wüste sind die Schreie ganz klar zu hören. In der Nacht noch klarer. Ich beschloss zu bleiben, bis es wieder still war.

Als die Schreie verstummten, stand ich auf und ging weiter. Ich weiß nicht, wohin, aber weiter. Weit weg. Durch den Sand. Barfuß.

VI

Ganz allein lief ich zu Fuß durch die Nacht. Wenn du durch die Wüste gehst, sinken deine Füße im Sand ein, und das macht das Gehen so anstrengend. Der Körper wird schwerer. Trotzdem ging ich, bis vier Uhr morgens, durch die Dunkelheit.

Als ich erschöpft war, blieb ich stehen und blickte mich um. Die Dämmerung brach an. Das erschreckte mich, denn ich kannte diesen Ort nicht. Es war die Wüste, die leere Wüste, das Land der Schlangen. Der Ort, an dem die Menschen sterben. Aber in diesem Moment wusste ich das nicht. Stattdessen legte ich mich hin und schlief ein. Sechs Stunden. Ungefähr bis zehn.

Als ich aufwachte, blickte ich nach vorn, ohne zu wissen, wo vorn war. In alle Richtungen blickte ich nach vorn. Und ich sah nichts. Nicht außer der Wüste. Wüste hier. Wüste dort. In allen vier Himmelsrichtungen Wüste. Sonst nichts.

Ich ging weiter, zu Fuß, noch einmal fünf Stunden, bis ich den Wunsch hatte, Wasser zu trinken. Auf Pular nennen wir diesen Ruf des Körpers *donka*. Auf Französisch habe ich das Wort auch einmal gelernt, aber erinnere mich gerade nicht daran. Ich hatte großen *donka*, aber es war nicht leicht, es gab kein Wasser. »Wohin werde ich jetzt gehen?«, dachte ich und hörte etwas. Ein Motorgeräusch.

Das Geräusch war zwei Stunden von mir entfernt, aber ich hörte, wie es näher kam. Mindestens eine Stunde lang kam es näher und dann noch ein bisschen. »Jetzt kann ich es gut hören, ja, ein Motorrad. Ein einzelnes Motorrad.«

Es kam auf mich zu, und ich erschrak. »Wenn mich jemand hier sieht, wird er mich mitnehmen und wieder nach Taalanda bringen«, dachte ich. Aber ich hob die Hand und machte ihm ein Zeichen zu halten. Was hätte ich sonst machen sollen? Ich wusste nicht, wo ich war, und der Durst hatte meinen ganzen Körper erfasst.

Er blieb vor mir stehen und schob, bevor er zu sprechen begann, die Kalaschnikow auf den Rücken. »Wohin gehst du?«, fragte er mich auf Französisch. »Ich will nach Algerien, nach Timiaouine«, antwortete ich. »Von hier nach Timiaouine wirst du nichts außer Wüste finden, wenn du da so hinläufst, wirst du sterben.« »*Ah bon?*«

»Ja.« Er gab mir ein Zeichen, dass ich auf das Motorrad aufsteigen solle und er mich ein Stück mitnehmen werde. Aber ich hatte Angst, dass er mich zurück nach Taalanda bringen würde, und sagte, »Nein, *merci*, ich werde es zu Fuß versuchen«. Er sagte noch einmal, »Steig auf, ich werde dir den Weg nach Timiaouine zeigen«. Ich traute ihm nicht, in meinen Augen sind alle Bewohner der Wüste gleich, aber sagte schließlich doch *»oke«* und stieg auf.

Ein Stück weiter machte er den Motor aus und ließ mich absteigen. »Geh hier lang, geh hier lang und du wirst sehen.« Ich wusste nicht, was er sagte, was er wollte, aber ich ging zu dem Ort, den er mir gezeigt hatte – voller Angst. Da war Wasser. Ja, Wasser. Ein kleiner Schlauch, aus Ziegenleder. Ich weiß nicht, wie viel Schlucke ich nahm, zehn oder zwanzig, aber ich begann meinen Körper wieder zu spüren. Die Beine, den Bauch, die Arme, die Augen, alles. Das ist das Wasser, das Wasser ist dein Körper.

Ich stieg wieder auf das Motorrad, und er brachte mich zu einer Kreuzung. Dort ließ er mich absteigen und krempelte die Ärmel hoch. »Schau, in diese Richtung liegt Taalanda und in diese Timiaouine. Wenn du dort langgehst, wirst du in zwei Stunden einen kleinen Reifen sehen. Dieser Reifen sagt dir, dass du auf dem richtigen Weg bist.« »Oke«, antwortete ich, »merci.«

Er gab mir einen Beutel Kekse und einen kleinen Schlauch voll mit Wasser. »Folge immer diesem Weg. Von hier nach Timiaouine sind es 55 Kilometer.« *»Oke.«* »In dieser Wüste sind 55 Kilometer viel. Bist du dir sicher, dass du das zu Fuß gehen willst?« Er wartete auf meine Antwort. »Ich habe keine andere Wahl«, sagte ich. »Wenn du mir ein bisschen Geld gibst, fahre ich dich.« »Ich habe kein Geld.« »Gar nichts?« »Nein.« »*Oke*, dann folg diesem Weg, aber halt dich ein bisschen abseits. Es gibt oft Kontrollen, und es ist besser, ihnen nicht in die Hände zu fallen.«

Er nahm sein Motorrad und fuhr in Richtung Taalanda davon.

VII

Neunzehn Stunden lang ging ich, bis sechs Uhr morgens. Sanddünen, Sandtäler, alles aus Sand. Dort verschwinden deine Fußabdrücke sofort, und niemand kann sagen, »Ja, hier ist jemand langgekommen«.

»Ich muss noch ein bisschen weiter«, entschied ich und ging den ganzen Tag weiter. Ich zog mir die Hosen aus und band sie mir auf den Kopf, damit die Sonne nicht so brannte. So war ich noch mal sechs oder sieben Stunden unterwegs, ich weiß es nicht mehr. Schließlich dachte ich, »Ich lass sie hier«, und ich warf sie weg, die Hose, wegen des Gewichts. Und ich ging weiter. In Unterhosen und ohne Schuhe, auf dem brennenden Sand. Mit immer kürzeren Schritten.

Um neun null null hatte ich kein Wasser mehr und dachte, »Dieser Mann wird bald sterben«. Wenn ich »dieser Mann« sage, dann bin dieser Mann ich. Ich und die Wüste. Die Wüste, die kein Ende nimmt.

Aber dazwischen taucht etwas auf. »Ja, da ist etwas.« Am Anfang dachte ich, es wären Autos, zwei Autos, eines hier, das andere dort. »Polizei«, erschrak ich mich, aber hatte keine andere Wahl und ging weiter, auf sie zu. Schließlich stellte ich fest, dass es gar keine Autos waren. Es waren zwei *kif*, dort standen zwei *kif*.

Kif sind riesige Kanister aus Plastik, die oft mit Wasser gefüllt sind. Manchmal auch mit Benzin. Oben haben sie einen Deckel und unten einen kleinen Wasserhahn. Die Tuareg stellen sie dort hin, weil sie wissen, dass Leute zu Fuß unterwegs sind, und es nicht einfach ist, zu Fuß durch die Wüste zu laufen. Es ist sehr heiß, und der Durst schrecklich. Die Tuareg wissen das, und deswegen stellen sie die Plastikbehälter auf.

Zwei *kif* also. »Ich geh da hin«, entschied ich und lief auf sie zu. *Voilà.* Die beiden Behälter waren voll, aber ich wusste nicht, was drinnen war, Benzin oder Wasser. Ich begann den Hahn zu suchen und sah zwei lange Schläuche, Fahrradschläuche, die am Hahn festgemacht waren. Sie blockierten den Hahn mit einem Knoten. In den Fingern hatte ich nicht genug Kraft und versuchte es mit den Zähnen. Mit den Zähnen oben und den Zähnen unten. Endlich ging der Knoten auf, und das Wasser spritzte mit Kraft heraus, es durchlöcherte das Plastik. Das Wasser sprudelte auf mich ein. Ja, Wasser.

Ich öffnete den Mund und trank. Ich trank viel. Dann nahm ich einen der langen Schläuche und versuchte ihn mit Wasser zu füllen. Aber der Schlauch hatte Löcher, an vier Stellen. Also zog ich mein Hemd aus und wickelte es um den Schlauch, damit das Wasser die Löcher nicht entdeckte. Auf die Weise gelang es mir, ein bisschen Wasser für den Weg mitzunehmen. »Jetzt kann ich losgehen«, dachte ich. Und ich brach auf.

Wenn du in der Wüste unterwegs bist, gerätst du manchmal in Stürme. Dann kannst du nicht mehr weiterlaufen. Du musst stehen bleiben und Schutz suchen, damit der Sand dir keine Schmerzen zufügt. Dort musst du eine Stunde warten. Oder zwei. Wenn der Wind nachlässt, kannst du deinen Weg fortsetzen.

Drei Tage bin ich zu Fuß gegangen. Zweiundsiebzig Stunden. Habe nur Wasser getrunken. Die Wege gemieden. Manchmal hatte ich Angst, »Dort ist etwas«, dachte ich und kauerte mich zusammen. Dann sah ich, »Da ist nichts«, und ging weiter, bis ich keine Kraft mehr hatte. Ich schloss die Augen, bis ich sie öffnete. Und brach wieder auf, bis ich erschöpft war. Schließlich sah ich ein paar Lichter. »Das ist Timiaouine«, dachte ich. Und so war es auch.

Timiaouine, Algerien.

VIII

Timiaouine erreichte ich um sechs Uhr morgens. Ich sah eine große Moschee. »Ich muss beten«, dachte ich und trat ein.

Für mich ist es wichtig zu beten, aber ich mache es nicht, damit jemand sagt, »Ibrahima betet, er ist ein guter Moslem«. Nein, das ist etwas zwischen Gott und mir, es ist eine Angelegenheit zwischen uns beiden.

Als ich mit dem Beten fertig war, kam ein alter Mann zu mir und sagte, »*Salam alaikum*«. »*Alaikum as-salam*«, antwortete ich. Er merkte, dass es mir nicht gut ging, und bot mir Brot an. Ein Stück Brot und etwas Saft. »*Schukran*«, sagte ich, danke, und verschlang es. Dann legte ich mich auf eine Bank und schlief sofort ein. Holz, Körper, Zeit. Sieben Stunden. Niemand störte mich.

Als ich aufwachte, hatte ich die Füße eines Elefanten.

Mit diesen Füßen konnte ich nicht gehen, aber ich verließ die Moschee und ging hinunter ins Dorf, ich weiß nicht, wie. Als ich mich vor die Tür einer kleinen Pension setzte, kam ein Junge vorbei. »Du bist Guineer«, sagte er, und ich antwortete, »Ja«. »Du hast sehr große Füße«, fuhr er fort, und ich antwortete wieder, »Ja«. Er ging hinein in die Pension und kehrte mit einem Tuch und warmem Wasser zurück. Er begann mich zu massieren. Runter und wieder rauf, runter und rauf, an beiden Beinen. Ohne etwas zu sagen.

Als er fertig war, stellte er mir eine Frage. »*Ko honno wi'ete-dhaa?*« Das bedeutet in unserer Sprache ›Wie heißt du?‹. »Ich bin Ibrahima, und du?«

»Ich heiße Ismail.«

IX

Der kleine Ismail ist nicht wie die anderen. Manche Menschen sind besonders, und Ismail ist so einer. Als ich ihn kennenlernte, war er vierzehn Jahre alt und klein, deshalb nenne ich ihn den kleinen Ismail. Ich weiß nicht, wie alt er jetzt wohl ist. Sechzehn, vielleicht siebzehn. Mein Vater sagte immer, dass die Zeit nicht für alle gleich verläuft, und das ist wahr.

Ismail und ich haben sechs Monate zusammen verbracht. Von Timiaouine nach Ghardaia. Dort trennten wir uns, und seitdem habe ich ihn nicht wieder gesehen. Aber manchmal schwellen mir die Beine noch an, und ich erinnere mich an den kleinen Ismail.

Eins, weil er mich massierte. Runter und rauf, an beiden Beinen, drei Tage lang. Zwei, weil ich wieder Schuhe anzog und zu gehen begann. Ganz langsam, erst ein Bein, dann das andere, bis es nicht mehr schmerzte. Und drei, weil er mir zeigte, wo sich Arbeit finden ließ. All das machte der kleine Ismail für mich.

»In Timiaouine gibt es an einem Straßenrand immer Arbeit«, sagte er, »dort müssen wir hingehen und warten, bis es Arbeit gibt.« »Oke.« »Die Arbeit kommt sofort, du wirst sehen.« Wir warteten ein wenig, eine Minute, zwei Minuten, dann tauchte ein Alter auf, ein alter Mann in einem noch älteren Wagen. Er brachte uns zu einem Ort, wo ein Haufen Sand lag, und befahl uns, »Ihr müsst den Wagen hier vollmachen. Ihr macht ihn voll und bringt ihn dann zu mir«.

Für jede Fahrt zahlte er uns zweihundert Dinar. Zweihundert Dinar für ungefähr zwei Stunden Arbeit, manchmal auch ein bisschen mehr. An jedem Tag machten wir das viermal, also war jeder Tag achthundert Dinar wert, sechs Euro.

In Timiaouine arbeiteten wir drei Wochen lang so,

einen Wagen mit Sand füllen und wieder entladen. In der vierten Woche brachen wir nach Bordj auf.

X

Wenn man aus Mali kommt, ist Bordj die zweite Stadt in Algerien. Manche Leute nennen sie Bordj Mokhtar, aber mir gefallen Abkürzungen. Von Timiaouine nach Bordj sind es hundertfünfundfünfzig *kilo*. Wenn ich »*kilo*« sage, korrigieren mich die Leute, »Kilometer«. Das passiert mir hier immer, aber nicht in Afrika, dort gefällt es uns, die Dinge abzukürzen. Wenn du Kilometer sagst, ist der Weg länger.

Bordj, einhundertfünfundfünfzig *kilo*. Aber von Timiaouine nach Bordj ist nicht wie von Taalanda nach Timiaouine. Der Sand ist derselbe und auch der Wind, aber die Straße ist asphaltiert, und deshalb ist es einfach, du kannst schneller gehen. Bordj, einhundertzwanzig *kilo*. Wir waren zu dritt, ich, der kleine Ismail und einer aus Mali. Auf dem Weg sahen wir noch jemanden, im Sand, der Körper in einer seltsamen Haltung. In seinem Gesicht lag Durst, großer Durst. So ist die Wüste. Bordj, neunzig *kilo*. Der aus Mali konnte nicht mehr und blieb auf halbem Weg zurück. Wir gingen weiter, was hätten wir anderes machen sollen? Bordj, sechzig *kilo*. Ismail sah eine große Schlange die Straße überqueren. Wir warteten, als würden wir uns verstecken, bis die Schlange verschwunden war. Bei uns sagt man, es bringe Pech, wenn man einer Schlange etwas antut, deshalb hat die Schlange Vorfahrt, wenn du einer begegnest. Bordj, vierzig *kilo*. Nachts schliefen wir, legten uns auf den Sand und schliefen. Der Schlaf ist das Wichtigste, um Kraft zu schöpfen und ein bisschen zu vergessen. Wenn du vergisst, wird dein Körper leichter, und es fällt dir einfacher zu laufen. Bordj, fünfundzwanzig *kilo*. Wir haben den Weg in vier Tagen zurückgelegt und am fünften erreichten wir Bordj.

In Bordj arbeiteten wir zwei Monate lang, wir mischten Zement. Wir schliefen auch neben dem Zement und wachten schweißgebadet auf. Die Arbeit fing jeden Morgen um sechs Uhr an und hörte nie auf. Wenn ein paar Häuser zum Dach hinaufgewachsen waren, kamen daneben schon wieder ein paar andere zur Welt, und es gab noch mehr Zement zu mischen.

Schließlich fing ich an nachzudenken, »Die Häuser hier sind sehr groß, und wir sehr klein«, überlegte ich. Wenn ich sage, dass wir klein sind, meine ich, dass wir wenig Geld verdienten. Also ging ich zu Ismail und fragte ihn, »Warum gehen wir nicht in eine andere Stadt?«. »*Oke*«, antwortete er.

Wir brachen nach Reggane auf, versteckt auf der Ladefläche eines Pick-ups. Siebzehntausend Dinar nahmen sie uns für die Fahrt ab, und sie packten sechzehn Leute auf eine Fläche, auf der zwei Ziegen Platz hatten. »*Koto*, beim nächsten Mal werden wir den Bus nehmen«, sagte Ismail zu mir, und von Reggane Richtung Adrar fuhren wir Bus.

XI

Adrar ist eine andere Welt, dort läuft niemand herum, der so aussieht wie wir.

Eine Frau kam vorbei. Sie war verschleiert, trug einen Niqab. Wir fragten, wo die Busse nach Ghardaia abfahren, aber sie antwortete uns nicht. Sie ging einfach weiter, und wir blieben stehen. Ein Mann kam vorbei. Er hatte einen langen Bart, ich sah seine Füße. Ich fragte ihn, wo die Busse Richtung Ghardaia abfuhren, und er antwortete, »Dort, ist nicht weit«. Auf dem Weg dorthin sahen wir viele Niqabs und Bärte. Und ihre Blicke sagten uns, »Ihr gehört nicht hierher«.

Als wir den Busbahnhof erreichten, gingen wir zum Fahrkartenschalter und stellten uns in die Schlange. Dann kamen wir an die Reihe. »*Salam alaikum*«, sagte ich zu der Frau hinter der Scheibe, und sie antwortete, »Das Ticket nach Ghardaia kostet tausendeinhundert Dinar«. Ich suchte an meinem Körper und fand tausendfünfhundert Dinar. Der kleine Ismail bemühte sich auch, hier und dort, bis er den ganzen Körper abgetastet hatte, aber er hatte nichts bei sich, null Dinar. »Ibrahima, fahr du«, sagte er, »ich werde hierbleiben.« Ich blickte nach rechts, nach links, zweimal auf jede Seite und dachte, »Ich kann den Jungen nicht hier allein lassen«.

Wir entfernten uns vom Fahrtkartenschalter und ein Taxifahrer trat auf uns zu. Ihm war unser Aussehen aufgefallen, und er fragte, ob wir Hunger hätten. Wir sagten ja, und er steckte die Hand hinten in die Hose, holte einen Fünfhundert-Dinar-Schein heraus, aber stellte uns, bevor er ihn uns hinhielt, eine Frage. »Seid ihr Moslems?« »Ja, natürlich.« Schweigend blickte er uns an, sehr lange. Dann gab er uns den Schein.

»Jetzt haben wir zweitausend Dinar«, sagte ich zu Ismail, »um die zwei Tickets nach Ghardaia zu kaufen, fehlen uns noch zweihundert Dinar.« Wir setzten uns auf den Bürgersteig, schauten den Bussen hinterher und planten die Zukunft.

Schließlich kamen ein paar, die so waren wie wir. Aus Mali. Aus der Elfenbeinküste. Aus Kamerun. Sie sagten, dass sie in die Hauptstadt fahren wollten, nach Algier, und wir erklärten ihnen unsere Situation. Sofort begannen sie Geld zu sammeln. Fünf Dinar, zehn, zwanzig, jeder so viel er konnte, bis wir zweihundert zusammenhatten. »Jetzt haben wir zweitausendzweihundert Dinar«, sagte mir Ismail, »jetzt können wir nach Ghardaia fahren.«

Und wir brachen nach Ghardaia auf.

XII

Drei Monate blieben wir in Ghardaia. Ich drei und der kleine Ismail zwei, zusammen fünf. Fünf Monate Zement mischen. Der Chef wollte, dass wir weiter für ihn arbeiteten, aber der kleine Ismail hatte etwas anderes vor. »*Koto*«, sagte er zu mir, »wir haben hier genug Geld gemacht, wir werden in die Hauptstadt hochfahren.« »Nein, Ismail«, antwortete ich, »ich muss nach Libyen.«

»Nach Libyen?«, wunderte er sich. »Wozu?« Wir hatten nie darüber gesprochen.

Ich erzählte ihm die Geschichte meines kleinen Bruders. Wie er von zu Hause weggegangen war und wie ich mich aufgemacht hatte, ihm zu folgen. »Ich weiß, dass er in Sabrata ist, weil wir telefoniert haben, als ich in Conakry war, aber seitdem habe ich nicht wieder mit ihm sprechen können. In Timiaouine habe ich es versucht, aber *impossible*. Auch in Bordj, *impossible*.« Schließlich verstrich die Zeit, fünf oder sechs Monate, ohne dass ich Nachrichten von meinem kleinen Bruder gehabt hätte.

»Deshalb, Ismail«, bekräftigte ich, »muss ich Alhassane suchen gehen. Weil er noch ein Kind ist und weil ich für ihn verantwortlich bin, seit mein Vater tot ist. Wenn ich ihn finde und ihm in die Augen schauen kann, dann wird er auf mich hören und mit mir nach Hause zurückkehren. Ich weiß es.« »Oke«, sagte Ismail, »und was machst du, wenn du deinen Bruder nach Hause gebracht hast?« »Dann werde ich dort leben, Ismail. Ich will nicht nach Europa, mein Ziel ist Guinea.« Er schwieg und blickte auf den Boden, als wäre er durcheinander.

Der kleine Ismail. In seinem Gesicht sah ich immer meinen Bruder, aber ich habe ihm das nie gesagt.

Er hob den Blick und gab mir eine kurze Umarmung. »Viel Glück in Libyen, großer Bruder, möge Gott dich begleiten.« »Auf Wiedersehen, *miñan*, auch dir viel Glück. Und tausend Dank für das warme Wasser und das Massieren. *Jaarama buy*, Ismail.«

So verabschiedeten wir uns, und er verschwand Richtung Busbahnhof.

XIII

Libyen ist eine andere Welt. Sie ist gemacht, um zu leiden.

In Ghardaia haben sie mich oft gewarnt, »*Habibi*, geh nicht nach Libyen«, aber ich antwortete, »Ich habe keine andere Wahl«. »Ich muss nach Sabrata.« Dann erklärten sie mir den Weg. »Erst musst du mit dem Bus nach Deb Deb fahren und dann zu Fuß weiter. Aber sei vorsichtig.«

Von Ghardaia nach Deb Deb sind es tausenddreihundert Dinar, sieben Stunden.

Deb Deb ist die letzte Stadt in Algerien, dahinter kommen die Grenze und dann Libyen. Das Grenzgebiet ist international. Wenn du dort bist, bist du weder in Algerien noch in Libyen, es ist das Reich der Polizei. Und die Polizei schreckt nicht zurück, sie weiß, wie man foltert. Und wenn es jemand ist wie ich, schlägt sie nicht auf die Beine oder die Hände, sondern zwischen die Beine oder auf den Kopf. Weil sie wissen, dass der Schmerz dort hält.

Am Busbahnhof von Deb Deb sah ich acht Personen. Sie sagten mir, dass sie in der Nacht die Grenze überqueren würden und dass ich mit ihnen gehen könnte, wenn ich wollte, aber ich antwortete, »Geht ihr, ich bleib hier«.

Ich wusste, was ihnen passieren würde, wenn sie scheiterten.

Ich verbrachte die Nacht am Busbahnhof, wartete auf einer Bank sitzend auf den Morgen. *Voilà.* Das grelle Licht, eine Verbrennung in den Augen. Und keine Spur von den acht. Auch am Nachmittag nicht. »Sie haben es geschafft«, dachte ich, »sie sind in Libyen. Ich hätte mit ihnen gehen sollen.« Aber ich hatte abgelehnt und war dort geblieben, am Busbahnhof von Deb Deb, saß auf einer Bank und wartete auf die Nacht.

Am Nachmittag kamen noch zwei Guineer an. Auch sie wollten nach Libyen und ich fragte sie, ob ich mich ihnen anschließen könnte. »Ja«, antworteten sie, »wenn du Geld hast, werden wir dir helfen.« Darüber wunderte ich mich sehr. »Entschuldigung, wie helfen? Nehmen wir etwa einen Pick-up? Wenn ich zu Fuß gehe, muss ich euch nichts zahlen.« »Oke«, pflichteten sie mir bei, »du hast recht«, und so warteten wir zu dritt darauf, dass es dunkel würde.

Während wir dort zusammen waren, merkte ich, dass sie sehr viel redeten. Schließlich wurden meine Ohren müde, und ich dachte, »Das ist keine gute Begleitung«. Das lernt man mit der Zeit, einen Menschen an seinen Worten zu erkennen.

Um zweiundzwanzig null null sagten sie, »*Gorebe*, jetzt ist es dunkel, lass uns gehen.« Aber ich antwortete, »Nein, ich gehe nicht, ich habe Angst bekommen«. »*Ah bon?*« »Ja, geht nur.« »*Oke.*« Und dann gingen sie los. Ich wartete eine Weile, bis sie weg waren, und folgte ihnen dann in einigem Abstand.

Ich ging drei oder vier Stunden lang durch den Sand, immer die beiden Guineer im Blick.

Um vier Uhr morgens merkte ich, dass wir in Libyen waren. Wir kamen in ein kleines Dorf, und ich lernte Dinge kennen, die ich in Algerien nicht gesehen hatte. *Allahu akbar.* Ein alter Mann betrat eine Moschee für das erste Morgengebet. Er trug ein langes Gewehr am Körper. *Allahu akbar.*

»Das ist Libyen«, dachte ich.

XIV

Allahu akbar, riefen sie vom Minarett aus zum Gebet. Ein Araber kam auf mich zu und fragte mich, was ich vor seiner Moschee machte. »Ich komme gerade vom Gebet und würde gerne arbeiten gehen.« Meine Hose war schmutzig, wie die von Arbeitern. *»Oke«,* glaubte er mir und erklärte, »hier gibt es keine Arbeit, du musst nach Tripolis oder Sirte, dort gibt es viel Arbeit.« »Und wie komm ich dorthin?« *»Sir, yallah.«* Das bedeutet ›Lass uns gehen‹ auf Arabisch, ich sollte ihm folgen.

Wir liefen durch einige Straßen, und er brachte mich zu einer *garage,* einem Ort, der voll war mit Pick-ups. »Ich würde gerne nach Sabrata fahren«, erklärte ich, und er antwortete, »Du musst hier bezahlen, einhundertfünfzig libysche Dinar«.

In Libyen verwenden sie Dinar, genauso wie in Algerien. Beide haben den gleichen Namen, aber einen unterschiedlichen Wert. Wirtschaft ist etwas, das schwer zu begreifen ist. Ein libyscher Dinar hat die Kraft von einem Euro, also sind einhundertfünfzig libysche Dinar einhundertfünfzig Euro. Das sagte er mir.

»Einhundertfünfzig?«, fragte ich.

»*Exact*«, antwortete er. »Das ist viel«, dachte ich und bat ihn zu warten. »Ist in Ordnung, dreh eine Runde durch die Straßen, ich werde hier sein.«

Ich lief durch die Straßen von Ghadames, um eine andere Lösung zu finden, aber umsonst. Es gab keine andere Möglichkeit, nach Sabrata zu kommen. Ich kehrte zur ersten *garage* zurück und ging zu dem Araber. Er machte gerade einen Pick-up sauber, einen Nissan. Ohne den Kopf zu mir zu drehen, sagte er noch einmal, »Einhundertfünfzig Dinar«. Ich drückte ihm das Geld in die Hand, und er schrieb meinen Namen in eine Liste.

XV

Nachdem der Pick-up fertig war, packten sie uns wie Waren auf die Ladefläche und warfen eine schwere Plane über uns. Die Plane roch stark, nach verbranntem Fleisch. Wir konnten nichts sehen, und ich wurde ein bisschen wütend. Mir kamen Worte in den Sinn, ich weiß nicht woher. »Ich kann nicht fahren, ohne zu sehen, wohin.« Der Fahrer nahm die Kalaschnikow und schlug mir mit dem Gewehrlauf den Kopf auf, hier habe ich noch immer die Narbe, siehst du sie? Dann schrie er mich an, »Wenn du nicht glaubst, dass wir dich nach Sabrata fahren, warum bist du dann auf diesen Pick-up gestiegen?« »*Oke*«, gab ich nach, »Entschuldigung.« Und alle schwiegen. Dort bist du ihnen ausgeliefert, du darfst nichts sagen.

Ich weiß nicht, wie lange wir unterwegs waren, unter der Plane sah man kein Licht, und wenn es dunkel ist, kann man die Zeit nicht gut einschätzen. Dort ist es immer Nacht, Nacht und verbranntes Fleisch. Der einzige Anhaltspunkt für die Zeit war die Wunde an meinem Kopf. Das Blut begann zu trocknen.

Plötzlich blieb der Pick-up in der Dunkelheit stehen, mitten in der Wüste. Und dort ließen sie uns alle absteigen, es waren zwölf oder dreizehn *kilo* nach Sabrata. »Von hier aus könnt ihr zu Fuß weitergehen«, sagten sie, »aber *yallah yallah*, geht schnell, ihr müsst ankommen, bevor die Sonne aufgeht.« Das ist das Gesetz dort, wenn die Polizei dich erwischt, schickt sie dich nach Deb Deb zurück oder steckt dich ins Gefängnis.

»*Habibi*, schnell, *yallah yallah*«, der Fahrer wies uns mit dem Gewehr den Weg, »vier, fünf, sechs«, er zeigte auf die Uhr, »schnell, *yallah*, dort lang.« Wir rannten los. Es war schrecklich heiß, und wir hatten Durst, aber kein Wasser und auch keine Zeit. Es war vier Uhr morgens und *yallah yallah*.

Zu sechst erreichten wir Sabrata, die sechs, die wir in der ersten Gruppe waren. Die anderen blieben zurück, mitten in der Wüste. Der Polizei ausgeliefert oder dem Durst. Ich weiß es nicht.

XVI

In Sabrata angekommen trat einer auf mich zu, der aussah wie ich. Er sagte, dass ich ihm folgen solle, wenn ich ein ›Programm‹ bräuchte, ein ›Programm‹, das mich nach Europa bringt, »Ich kenne den Ort, wo sie das verkaufen«. Ich fragte ihn, »Baba Hassan?«, und er nickte, »Lass uns dort hingehen«.

Das Baba Hassan ist ein riesiges Camp. Dort kannst du dich hinlegen, wo du willst, der Boden ist aus Sand. Du richtest deinen Blick nach oben, und es gibt kein Dach, alles ist nur Himmel. Du blickst nach links und siehst nur Migranten. Nach rechts genauso. Wir waren dort mehr als sechshundert Menschen, viele von ihnen Guineer.

Vor dem Schlafen fragten sie mich nach dem Namen. »Balde Ibrahima.« Und nach meinem Alter. »Siebzehn.« Der Mann, der das aufschrieb, hatte einen langen Bart und zögerte. Er fragte mich noch einmal, »In welchem Jahr bist du geboren?«. »*Le quatre, huit, mille neuf cent quatre vingt dix neuf*«, sagte ich, »*à Conakry.*« »*Oke*«, antwortete er und schrieb das auf: 4.8.1999. Seit diesem Tag bin ich fünf Jahre jünger als in Wirklichkeit.

Den Trick haben sie mir in Algerien erklärt. »In Libyen ist es wichtig zu sagen, dass du jünger als achtzehn bist. Dann können sie dich nicht ins Gefängnis stecken, und wenn du nicht ins Gefängnis kommst, bleibst du am Leben.« So bin ich vor diesem bärtigen Mann ein zweites Mal geboren worden, aber 1999. Den Tag habe ich nicht geändert, *le quatre du huit*, vierter August.

Danach hat er noch ein paar Daten von mir notiert, aber ich war sehr müde und erinnere mich nicht richtig. Was ich noch weiß, ist, was er mir sagte. »Von jetzt an gehörst du zu Baba Hassan und du darfst zu keiner anderen Firma gehen, um ein ›Programm‹ Richtung Europa zu buchen. Baba Hassan wird den Preis festsetzen und dir, wenn du ihn bezahlt hast, sagen, wann es losgeht.« »Oke«, antwortete ich. Warum ich nach Libyen gekommen war, erklärte ich ihm nicht, sonst hätte er mich rausgeworfen oder mir mit einem Knüppel die Knochen gebrochen.

So läuft das in Sabrata. Jedes Lager, in dem die Schlepper *ihre Vorräte* anlegen, organisiert den Handel selbst. Und wenn du ein Lager betrittst, bist du gefangen, dann kannst du bei keiner anderen Firma an Bord gehen.

Am Anfang hat mir jemand gesagt, dass die Europäer Libyen viel Geld dafür bezahlen, um die Migranten festzuhalten, und dass deshalb die Gefängnisse in Libyen voll mit Leuten wie mir sind. Ich weiß nicht, ob das stimmt, ich habe keine Ahnung von Politik, aber ich weiß, wie Libyen ist.

Libyen ist ein großes Gefängnis, und es ist schwer, dort lebend herauszukommen.

XVII

Es war sechs Uhr morgens, und ich schlief sofort ein, als ich mich hinlegte. Zwei oder drei Stunden, nicht mehr.

Dann riss es mich aus dem Schlaf. »Alhassane? *Miñan?*«
Ich musste ihn finden. »Alhassane? Kleiner Bruder?«
Ich schaute mir im Lager jeden Menschen einzeln an.
Aber »Alhassane ist nicht hier«, und so gab ich auf und
verließ das Camp.

Peng-peng. Die Straßen von Sabrata sind nicht wie
die von Conakry. In Sabrata ist niemand auf der Straße.
Ein paar verfallene Häuser. Manchmal ein schnell an-
fahrender Pick-up. Schüsse. Peng-peng. Und Schluss.
Stille. So ist Libyen, es ist kein Ort zum Leben.

Ich hatte immer ein kleines Foto bei mir und zeigte es jedem, der mir begegnete. »Ja, *miñan*, mein kleiner Bruder, Alhassane, hast du ihn gesehen?« Manche
nahmen das Foto in die Hand und sagten etwas, »Nein,
habe ich nicht gesehen«. Oder »Ja«. »Ja?« »Ja, den kenne ich, aber ich habe ihn schon lange nicht mehr gesehen, jetzt ist er nicht mehr hier.« Wieder andere blieben
nicht stehen, sie hatten keine Zeit.

Ein Junge erzählte mir, dass Baba Hassan noch andere Lager gehörten. »Baba Hassan ist nur eine einzige
Person, aber ihm gehören viele Häuser in Libyen. Zwei
in Sabrata, zwei Baba Hassans, zwei weitere in Zawiya
und noch mehr in Tripolis.« »*Ah bon?*« »Ja, Baba Hassan
ist reich, er verdient mit den Migranten viel Geld. Und
mit dem Geld kauft er neue Gebäude ...«

Ah bon?

XVIII

Zwei Tage verbrachte ich in Sabrata. Und dort sind zwei Tage sehr lang, länger, als wenn du in der Wüste ohne Wasser läufst. Weil du nicht vorwärtskommst. Du gehst. Bleibst stehen. Schaust dich um. Du biegst in die nächste Straße ab. Läufst. Versteckst dich. Schaust dich um. Du siehst nichts Auffälliges. Verlässt deine Deckung. Gehst ein paar Schritte. Stop. Zur nächsten Ecke. Du schärfst deinen Blick. Siehst niemanden. Alle Araber verstecken sich. Aber du weißt, dass sie da sind. Du hörst ein paar Schüsse knallen. Und du weißt nicht, von wo sie kommen.

Dann bricht die Nacht an. Es wird dunkel, aber nicht still. Ab und an ist ein Schuss zu hören, und du bekommst Schüttelfrost. Lange schaudert es dich. Du bist auf der Straße. Gehst ein Stück weiter. Stop. Betrachtest die Stadt. Sie rührt sich nicht. Noch ein Schuss. Du bewegst dich. Bleibst stehen. Schaust dich wieder um. Bist auf der Lauer. Auf der Suche nach demjenigen, der dir auflauert. Findest nicht, was du suchst. Bist du schließlich einschläfst. Irgendwo.

Wieder zwei Schüsse. Peng-peng. Du wachst auf. Bewegst dich. Weißt nicht, wohin. »Ich werde ins Lager zurückgehen.« Du betrachtest die Stadt. Nichts rührt sich. »Warum bin ich hierhergekommen?« Und du rufst Alhassanes Namen. Leise. Zweimal. Ein Schuss. Peng. Damit du Ruhe gibst. »Ja, Entschuldigung.« Du erschrickst dich. Deine Stimme erschreckt dich. Deine Schritte erschrecken dich. »Alhassane Alhassane Alhassane. Wo bist du?« Du musst dich bewegen. Du gehst weiter. Weißt nicht, wohin. Fällst. Bleibst liegen.

»Die Dunkelheit zerspringt.« Du öffnest ein Auge. Bist noch am Leben.

Sabrata ist ein Puzzle. Jedes Teilchen gehört jemand anderem, und du kannst nicht einfach von einem Teilchen zum anderen wechseln, es gibt Kontrollen. Um die Kontrollen kümmern sie sich, die Bewaffneten. Oft sind es Kinder, Jugendliche, die Granaten bei sich haben und Kalaschnikows auf dem Rücken tragen. Einmal hat mich einer von ihnen angehalten und mir gesagt, »Euch Afrikanern werden wir allen die Knarre in den Arsch schieben und euch, peng-peng, einen nach dem anderen abknallen«.

XIX

In Sabrata fand ich keine Spur von Alhassane und beschloss, »Ich werde nach Sawija fahren«. Sawija liegt in der Nähe von Sabrata, man schafft es zu Fuß in einer Nacht. Wie lange man tagsüber braucht, weiß ich nicht, weil du dich tagsüber nicht auf den Weg machen kannst. Die Polizei wird dich schnappen, in den Knast stecken und dir die Knochen brechen, weil du bist, was du bist.

Ich wartete auf den Anbruch der Nacht. »Sawija«, dachte ich, und die Sonne ging unter.

Ich ging zu Fuß, die Straßenecken entlang. Machte immer drei Sachen: mich umschauen, gehen, stehen bleiben. Mich umschauen, gehen, stehen bleiben. Immer wieder machte ich das.

Es war fünf Uhr morgens, niemand war unterwegs, alles ruhig. Es wurde sechs und ich ganz müde. Am Straßenrand sah ich eine Moschee und neben ihr einen Baum. Frag mich nicht, wie der Ort hieß. Es war Nacht, und da stand ein Baum, das ist alles, was ich weiß. »Dort werde ich mich verstecken«, dachte ich. Ich kauerte mich unter den Baum und machte mich daran, die Umgebung zu erkunden. »Es ist niemand auf der Straße, ich schließe die Augen.« Drei Sekunden später. »Ich mach die Augen besser wieder auf.« Niemand. Wieder schloss ich die Augen und schlief ein. Bis neun Uhr morgens.

Als ich aufwachte, war der Baum immer noch dort, neben der Moschee. Er hatte sich nicht bewegt, und ich erschrak. Wenn sich in Libyen längere Zeit nichts tut, ist das kein gutes Zeichen. »Ich muss von hier abhauen«, dachte ich, »ja, ich bin schon zu lang hier.«

Zehn oder elf Uhr morgens, ich ging in der prallen Sonne. Es war heiß, brennend heiß. Ab und an fuhr ein Pick-up vorbei, und ich duckte mich. »Er ist weg, *allahu akbar*.« Weitergehen. Aber da waren Schritte hinter mir. Ja, Schritte. Ich drehte mich um und sah einen Alten, er kam auf mich zu. Ich ging schneller. Schneller. Zwecklos. Zwei Hände auf meinem Rücken. Zwei Hände und noch etwas. »Er hat mich erwischt.«

Er begann Arabisch zu reden, »*Barka lafi*«. Ich spreche nicht gut Arabisch, aber auf einen Gruß kann ich antworten. »Entschuldigung, ich verstehe Sie nicht«, sagte ich, und er fragte etwas: *»Barka lafok?«* Ich antwortete, *»Nein«.* Und er: *»Nein?«* Ich: *»Nein.«* Dann hob er seine *Guba* und zeigte mir die Kalaschnikow. Ja, genau so. Die *Guba* ist eine lange Weste, die Männer tragen sie. Was eine Kalaschnikow ist, weißt du ja.

Ich musste in einen *Quatre-quatre* steigen, einen Vierradantrieb, ich weiß nicht, ob es ein Golf oder ein Ford war, ich erinnere mich nicht richtig, aber es war ein großes Auto. Vorne hatte er ein Gewehr, und ich saß hinten. Er redete Arabisch mit mir, und ich verstand kein Wort.

XX

Eine Person vierundzwanzig Stunden lang hinter mir, und ich, den Kopf nach unten, vor einer Wand. Er sagte, ich solle daheim anrufen und mir Geld schicken lassen. »Ich habe niemanden«, antwortete ich, aber das war ihm egal. »Ich habe keinen Vater, meine Mutter ist eine einfache Bäuerin, ich habe niemanden, der mir helfen kann.« Ich versuchte es ihm auf Arabisch verständlich zu machen, aber ihm war das alles egal.

Es war ein großes, von einer Mauer umgebenes Gelände. Vom Himmel aus konnte man alles sehen.

Um zwölf Uhr mittags stand die Sonne senkrecht und knallte auf den Sand. Der Mann, der hinter mir stand, befahl mir mich hinzuknien, »Knie dich hin und streck die Hände aus«. Und so musste ich verharren, mit ausgestreckten Händen und einem schweren Stein auf jeder Hand. »Wenn du die Hände sinken lässt, spricht das Gewehr.« »Oke.« Und dann fing das Schlimmste an.

Mit der Zeit beginnst du das Gewicht zu spüren, die Steine fangen an zu zittern. Die Steine und dann die Arme, die Arme und dann die Brust, die Brust und dann die Schultern, die Schultern und dann der Kopf, der Kopf und dann der ganze Körper. Alles zittert. Du fällst auf den Boden, auf den brennenden Sand. Die Sonne bringt das Wasser in deinem Mund zum Kochen. Dann nehmen sie das Gewehr und schlagen dich an den Stellen, wo es am schlimmsten wehtut. Paff-paff-paff. Aber das ist nichts. Das ist dort nur eine Kleinigkeit. Dich zu foltern ist für diesen Mann, als würde er *Guten Tag* sagen. Und wenn er dich nicht tötet, bedank dich bei ihm.

Dazwischen gab er mir eine halbe Tasse Wasser. Großer Durst erfasste meinen Körper, und er nahm mir die Tasse vom Mund. Ich verlangte nach mehr, und er verpasste mir einen Schlag. Um den Durst zu löschen. »Du hast genug getrunken.« Eine halbe Tasse Wasser.

Genug, um nicht zu sterben. Weil das sein Ziel war, ich sollte leiden, aber nicht sterben. Tot wäre ich keine fünf Cent wert und würde niemanden anrufen, um mir Geld schicken zu lassen. Deswegen gab er mir manchmal eine halbe Tasse Wasser.

Zwei halbe Tassen Wasser, drei Tage.

Volle drei Tage habe ich dort verbracht, vierundzwanzig Stunden lang hat mich jemand gefoltert. Aber ich war nicht der Einzige. Mit mir waren noch hundert andere dort, oder mehr als hundert, ich weiß nicht, ich habe sie nicht gezählt. Doch ich hörte sie, Männer und Frauen. Keine Kinder. Die Frauen weinten und schrien, die ganze Nacht, ohne aufzuhören. Wenn eine aufhörte, fing eine andere an, und wenn die verstummte, wieder eine andere. *Au suivant*, die nächste.

Unsere Folterer waren Zivilisten, Leute wie du und ich. Die Gefolterten genauso, Frauen und Männer, alle wie ich. Niemand hatte irgendetwas getan, um dort zu sein. Ich hatte meinen kleinen Bruder in Libyen gesucht, alle anderen träumten davon, es in einem ›Programm‹ nach Europa zu schaffen. Aber denen, die uns folterten, war das egal.

Ich würde im Dunkeln lieber nicht darüber sprechen, weil ich dann sehe, was ich erzähle, ich habe alles vor Augen, was ich sage. Du bist jetzt hier und hörst zu, aber ich bin dort, es steckt in meinem Körper, und wenn ich davon rede, erlebe ich alles noch einmal, was ich gerade erzähle. Deswegen möchte ich über diese Dinge nicht nachts sprechen. Aber du hast mich gefragt, und ich habe dir geantwortet.

XXI

Schließlich begriff es der Alte, der mich zu dem Folterort gebracht hatte, »Der Junge hat niemanden, der Geld aufbringen kann«. Dann schaffte er mich weg, ich musste wieder in den Wagen einsteigen, und er fuhr mich an einen Ort, den ich nicht kannte. Eine dunkle Seitenstraße.

Ein anderer Alter kam, ein neuer Alter. Die beiden sprachen neben mir, aber ich verstand nichts. Arabisch ist eine schwere Sprache, vor allem wenn die Alten reden, weil sie sehr schnell sprechen.

Der neue Alte blickte mich sehr lange an, seine Augen musterten meinen Körper, von oben nach unten und wieder hinauf. Immer wieder. Er fragte nichts, sondern blickte mich nur an. Und ich zitterte, weil beide ein Gewehr trugen. Ich wusste nicht, ob sie mich umbringen würden oder etwas anderes vorhatten, ich wusste nicht, worüber sie redeten. Aber der neue Alte blickte mich immer wieder an.

Schließlich wandte er die Augen ab und holte ein paar Geldscheine heraus. Er zählte sie einzeln ab und gab sie dem anderen. Insgesamt dreihundert libysche Dinar. Ich beobachtete ihn und zählte mit. Dreihundert. Dann verstand ich, »Diese Seitenstraße ist der Markt und dreihundert Dinar ist mein Preis«. Ja, sie verkauften mich wie eine Ziege.

Der erste Alte schob sich die Geldscheine unter seine *Guba*, startete das Auto und fuhr los. Einfach so. *Il m'a même pas dit au revoir*, er hat sich nicht einmal verabschiedet.

XXII

Wenn ich »alter Mann« sage, weiß ich nicht, wie alt er wirklich war. Ungefähr sechzig oder siebzig, aber genau kann ich es dir nicht sagen, dieses Alter kann ich nicht gut unterscheiden. In Guinea ist es schwer, jemanden zu treffen, der so alt ist. Aber ich kann dir sagen, dass der Mann, der mich kaufte, älter war als der, der mich verkaufte, und er hatte auch einen längeren Bart.

Sein Auto war auch ein *quatre-quatre*. Ich setzte mich nach hinten. Ich erinnere mich nicht, worüber wir redeten, der Alte konnte ein bisschen Französisch, aber ich hatte keine Lust zu reden. Es wurde Nacht, und die Welt war dunkel. Ich hatte keine Ahnung, wo wir hinfuhren. Vielleicht hätte er es mir gesagt, wenn ich ihn gefragt hätte, aber ich fragte ihn nicht.

Ich erinnere mich, dass er vor einem großen Eisentor stehen blieb. Er fuhr hindurch, und wir erreichten ein großes Gebäude. Die Wände waren aus Metall, es war ein Hangar. Ein Hangar voller Hühner, und die Hühner gaben keine Ruhe. Der Alte ging zu ein paar Futtertrögen, und die Hühner folgten ihm, Hunderte von Hühnern. Alle verrückt. Er schmiss ihnen Futter auf den Boden, und alle Hühner begannen zu picken.

Dann kam er zu mir und fragte mich, »Hast du gesehen?«. »Ja«, antwortete ich. »Das ist deine Arbeit, du gibst den Hühnern zu fressen, zweimal am Tag.« Das waren diese kleinen gelben Erbsen, wie heißen die noch …? Mais, *voilà*. »Dann sammelst du die Eier ein und packst sie in einen Karton«, befahl er. »*Oke*«, antwortete ich.

Er erklärte, dass er jeden Abend kommen werde, um die Kartons abzuholen und mir Essen zu bringen. »Ansonsten isst du Mais, *oke*?« »*Oke*.« »Bis morgen«, sagte er, »Bis morgen«, wiederholte ich. Und dort blieb ich stehen, in einem riesigen Hangar, mit Hunderten von Hühnern.

Mit den Hühnern essen, mit den Hühnern schlafen, alles mit den Hühnern teilen. Auch das habe ich gemacht.

Am Morgen wurde ich sehr früh wach, es war nicht leicht, dort zu schlafen. Die Hühner fingen an zu gackern, und ich dachte an Alhassane. Dann stand ich auf, rührte den Mais um, verteilte ihn mit einer Tasse auf dem Boden und rief die Hühner, *pok-pok-pok*.

Danach machte ich mich daran, die Eier einzusammeln. Manchmal bekam ich fünfunddreißig Kartons voll, andere Male vierzig. Wenn es dunkel wurde, kam der Alte, er brachte Gebäck mit, Brot oder Saft zum Trinken. *»Merci«*, sagte ich. Wir unterhielten uns einen Moment, dann ging er. Die Tür schloss er immer zweimal zu, klack-klack.

Am darauffolgenden Tag wieder das Gleiche, *pok-pok-pok*, Eier einsammeln, die Kartons füllen, hinlegen, aufstehen, *pok-pok-pok* … Das war meine Taktik: »Ich werde alles machen, was dieser Alte sagt und vielleicht wird er anfangen, seine Meinung zu ändern, vielleicht wird ihm klar, dass auch ich ein Mensch bin, und er wird mir helfen.« Aber oft denkt man etwas, und dann stimmt es gar nicht.

XXIII

Neun Tage war ich dort. Ich und die Hühner. Hunderte von Hühnern. Die wie verrückt gackerten. Manchmal habe ich den ganzen Tag über nichts gegessen. Der Alte kam mitten in der Nacht und gab mir ein Stück Brot, *pok-pok-pok.* Er fragte mich, ob ein Huhn gestorben sei, und ich antwortete, »Nein, alles in Ordnung.« »*Oke.*« Und dann ging er. Bevor er verschwand, schloss er immer zweimal ab, klack-klack.

Am zehnten Tag kam er in der Abenddämmerung. Er gab mir Gebäck, etwas Trinkwasser und fing an die Kartons zu zählen. »Eins, zwei, drei, vier ...« Ich weiß nicht, bis wohin er zählte, aber plötzlich klingelte das Telefon. Ich erinnere mich, wie die Hühner aufgescheucht davonliefen. Der Alte rief: »*Alo? Alo? Alo?*« Dreimal sagte er »*alo?*«, dann lief er nach draußen. Er startete den Motor und fuhr mit Vollgas weg.

Er hatte vergessen, die Tür zu verschließen. Diesmal hatte es nicht zweimal klack gemacht.

Ich bemerkte es sofort, aber wartete ein wenig. Zwanzig, dreißig, vierzig Minuten, ich weiß nicht, wie lange, bis ich Vertrauen geschöpft hatte. Als ich schließlich sah, dass der Alte nicht kam, lief ich davon.

Ich nahm ein paar Bäume wahr, dichtes Gebüsch und dahinter einen Sandhügel. Von dort sah man die ganze Umgebung, etwas entfernt die Lichter einer Stadt. »Sawija«, dachte ich, »ich werde dort hinuntergehen, zu dem Lager von Baba Hassan«, und begann zu laufen, *yallah yallah*, schnell-schnell.

Als ich das Lager erreichte, drehte ich mich zum ersten Mal um und dachte, »Den Alten habe ich abgehängt, aber nicht die Angst«.

Seit dieser Nacht lebe ich mit der Angst, den Alten wiederzusehen. Weil ich weiß, dass er mich umbringen würde, wenn wir uns noch einmal begegnen. Peng. Und fertig. Er würde nicht zögern. Diese Furcht lebt in meinem Körper, und manchmal überfällt sie mich, wenn ich schlafe. Ich sehe den Alten, den Alten und seine Hühner, Hunderte Hühner. Alle wie verrückt am Gackern. Und er ein Verrückter mehr.

XXIV

Zwei Tage bin ich in Sawija herumgelaufen, habe in allen Lagern herumgefragt. Ich zeigte das kleine Foto, »Ja, mein kleiner Bruder, Alhassane, nein?«. »Nein.« Es war umsonst. Auch dort keine Spur von dem Jungen, und ich kehrte in der Nacht nach Sabrata zurück.

Zwei Guineer halfen mir. Wir gingen über die Hügel, um dem Alten nicht zu begegnen. »Sonst bringt er mich um«, dachte ich, »ja, er würde nicht zögern.«

Zurück in Sabrata hörte ich mich in allen Lagern um, in den beiden von Baba Hassan und in weiteren sieben. Auch dort gab es große *stocks*, Vorräte, alles Migranten, alles Leute, die auf das Abenteuer warteten. Aber Alhassane fand ich nicht. »Geh nach Sirte«, sagten sie mir, »vielleicht ist er dort, oder sonst in Tripolis, geh dorthin und sieh dich um.« Aber ich ging nicht dorthin, ich hatte kein Geld. Die Freunde gaben mir zu essen, ich streckte die Hand aus und bekam ein bisschen Couscous.

Zwei Monate verbrachte ich in Sabrata. Zwei Monate suchte ich. Bis ich am Ende war. Als ich am Ende war, begann sich bei mir etwas zu ändern, ich verlor die Angst vor dem Tod. Eines Nachts wachte ich auf und dachte, »Das Leben interessiert mich nicht mehr, lieber sterben. Mein kleiner Bruder, Alhassane. Wenn ich ihn nicht finde, will ich lieber sterben«.

XXV

Es war ein Freitag.

Ich schlief im *tranquilo*, dem Lager von Baba Hassan, und brach früh von dort auf, um zur Moschee zu gehen. Das Freitagsgebet ist für uns sehr wichtig, alle anderen kannst du ausfallen lassen, aber das am Freitag nicht. Ich war also beten und kehrte danach über einige Seitenstraßen von Sabrata ins *tranquilo* zurück. Neben mir war ein Freund aus Guinea, ein Fula, Dimedi. »Ibrahima«, sagte er. »Ja«, antwortete ich. »Du hast hier sehr viel gelitten, alle verschweigen dir etwas, ich möchte heute mit dir darüber reden.«

Ich wurde langsamer und fragte, »Was?«. »Können wir weitergehen?«, bat er mich. »Nein, wer verbirgt mir hier etwas? Wenn du etwas weißt, dann sag es mir bitte.« »Ja, ich will es dir ja sagen, aber du musst genau zuhören. Was ich im Herzen trage, musst du in deinem Herzen empfangen.« Ich blickte ihn an und sagte, »*Oke*, du kannst loslegen«.

Und er fing an.

»Du suchst hier deinen kleinen Bruder, nicht wahr?«

»Ja.« »Ich kenne deinen kleinen Bruder. Wir sind oft zusammen gewesen, wir haben nebeneinander geschlafen, er dort, ich hier, wir beide unter einer Decke. Ich wusste nicht, dass er einen großen Bruder hat, er erzählte nie davon. Aber ich spüre, dass du sein großer Bruder bist, ich sehe, wie sehr du leidest, seit du nach Libyen gekommen bist. Alles wegen dieses Jungen.« Das sagte er und verstummte. Ich hörte mir das an, hörte zu und dachte nach. Eins, Alhassane ist im Gefängnis. Zwei, ich werde ihn suchen gehen, mir ist egal, wo ich hinmuss. Drei, ich werde ihn aus dem Gefängnis holen, und wir werden nach Guinea zurückkehren. »Weißt du, wo er ist?«, fragte ich, und er antwortete, »Nein, ich weiß nicht, wo er ist, aber ich weiß, dass er *naufrage* erlitten hat«.

Er sagte alles auf Pular, aber dieses Wort auf Französisch. Nur dieses eine Wort, *naufrage*. Ich hörte es zum ersten Mal, *naufrage*. »Willst du mir sagen, was dieses Wort bedeutet?«, fragte ich ihn. »Das ist nicht einfach«, antwortete er mir, »wenn ein Schlauchboot einen Unfall hat, dann sagen das alle, *naufrage*.« Ich: »*Naufrage.*« Er: »Ja, *naufrage*.« Ich überlegte ein wenig und fragte, »Heißt das, dass Alhassane bei einem ›Programm‹ an Bord gegangen ist?«. »Du hast genau verstanden, was ich sagen wollte, aber ich bin noch nicht fertig. Alhassane war nicht allein, einhundertvierundvierzig Menschen waren an Bord.«

Naufrage. Das Wort war mir noch nie begegnet. »Einhundertvierundvierzig.« Ich hätte nicht gedacht, dass so viele Menschen auf ein kleines Schlauchboot passen. Zwei Dinge erfuhr ich an diesem Morgen und war der Ansicht, es sei genug. »*Oke*«, sagte ich, »kehren wir ins Lager zurück?« Und wir gingen zu Baba Hassan zurück.

Ich legte mich auf ein paar Kartons und schloss die Augen, nachdenklich. Ich begriff es nicht. »Kleiner Bruder, warum wolltest du nach Europa? Das ist nicht das, was wir ausgemacht hatten, ich habe dir gesagt, dass du weiter in die Schule gehen musst, ich habe dir gesagt, dass du große Augen hast.«

Ja, große Augen hatte er und vierzehn Jahre war er alt, als ich ihn das letzte Mal sah. Ein Kind war er.

Ich begann auf den Karton einzuschlagen, und mein Geist flog umher. Wenn der Geist davonfliegt, ist es schwer, ihn zurückzuhalten. »Erst habe ich Papa in Conakry verloren und jetzt meinen kleinen Bruder in Libyen, wie soll ich das alles Mama erklären?«

Schließlich kehrte mein Geist, ganz langsam, an seinen Platz zurück. Ich dachte, dass einhundertvierundvierzig Menschen zu viele für ein Schlauchboot sind. »Ja, das ist unmöglich.« Ich ging zu einem Freund und fragte ihn, »Glaubst du, dass einhundervierundvierzig Menschen auf ein Schlauchboot passen?«. »Ibrahima«, antwortete er mir, »das ist gar nichts. In Libyen passen auch hundertachtzig Menschen auf ein Schlauchboot, *ça c'est tout à fait normal.*« »*Oke*«, antwortete ich und zog das Foto aus der Tasche. »Sag mir jetzt die Wahrheit, du hast schon viele Monate hier in Sabrata verbracht, ist dir dieser Junge einmal begegnet?« Er blickte erst das Foto, dann mich an. Lange dachte er nach. Und dann sagte er, »Nein, den kenne ich nicht«.

XXVI

Ich verließ das Baba Hassan und trat auf die Straße. Niemand war unterwegs. Ein Schuss. Peng. Ich wollte nicht mehr leben. Ein Pick-up. Vier Schüsse. Peng-peng-peng-peng. Keine Angst mehr. »Mach ruhig, ich werde nicht um mein Leben betteln, ich werde dir dankbar sein.« Weil ich diesen Jungen so sehr liebte. Mein einziges Ziel im Leben war, den Kleinen zu finden, ihn zu beschützen und ihm bei seiner Ausbildung zu helfen. Weil er wache Augen hatte und ein Junge war. Papa hatte das gesagt, und Mama auch, »Er ist ein Junge, Gott sei Dank«. Aber er erlitt *naufrage*. Einhundertdreiundvierzig Menschen und er, einhundertvierundvierzig.

Aber das ist in Libyen gar nichts.

Dritter Teil

I

In Libyen gibt es große Vorräte, die *tranquilos* sind voll damit, und auch die Gefängnisse.

Peng-peng-peng, »Eines Tages werden wir euch alle abknallen«. Ein Kind hat das zu mir gesagt, von Angesicht zu Angesicht. Ich glaube, ich habe es dir schon vorher erzählt, aber egal, ich sage es dir noch einmal, damit du es nicht vergisst, damit du verstehst, was Libyen bedeutet. Die Araber dort sind schön, sie haben helle Haut, aber ihr Inneres ist ein dunkles Loch. Und die Kalaschnikow ist Teil ihres Körpers geworden. Egal ob Junge oder Mädchen, Greis oder Kind, alle denken nur peng-peng-peng.

Das Meer hilft ihnen dabei. Aber das Meer beginnt nicht an der Küste, sondern in den Lagern. Jedes Camp mit seinem Vorrat an Migranten organisiert sein ›Programm‹. Du zahlst Geld, dreitausend, dreitausendfünfhundert, und wenn du willst, noch mehr. Baba Hassan will mehr, wenn es mehr gibt. Dann trägt er dich in eine Liste ein, und wenn die Liste voll ist, organisiert er ein Schlauchboot.

Wenn das Schlauchboot nicht in Europa ankommt, ist ihm das auch egal, denn Baba Hassan hat sein Geld schon bekommen. Wenn die Soldaten es am Strand anhalten, bevor es losgefahren ist, ist ihm das egal, denn Baba Hassan hat sein Geld schon bekommen. Und wenn du beim Losfahren Angst bekommst und nicht ins Schlauchboot steigst, ist ihm das egal, denn Baba Hassan hat seine Kalaschnikow und knallt dich ab, peng. Ja, ein Schuss genügt. So läuft das.

Ich erkläre es dir.

Das Schlauchboot fährt immer nachts. Auch aufgepumpt wird es erst am Strand und im letzten Moment. Währenddessen wartest du, am Rand. Wenn der Libyer mit dem Aufpumpen fertig ist, sagt er »*Yallah yallah*«, schnell schnell, es ist Zeit abzulegen. Manchmal wirst du eine Schwimmweste tragen, aber meistens gibt es nur hundert Westen und hundertfünfzig Leute, die bei dem *programme* dabei sind, also werden fünfzig Leute ohne Weste losfahren. Doch in diesem Moment ist alles *yallah yallah*, und du darfst keine Fragen stellen.

Der Libyer wird das Schlauchboot ins Wasser schieben und den Motor starten. Für dich ist der Seegang ungewohnt, denn du bist noch nie auf dem Wasser gefahren. Vielleicht hast du das Meer auch noch nie mit deinen eigenen Augen gesehen, aber es ist nicht der Augenblick, um Fragen zu stellen, du bist jetzt hier, sitzt auf dem Wasser, es ist der Moment der Abfahrt.

Hier ist Libyen, dort Tunesien und auf der anderen Seite Italien, dazwischen ist überall nur Meer. Und das Meer ist ein Roulette. Du weißt, dass viele Leute nicht auf der anderen Seite ankommen, aber der Libyer sagt »*Yallah, yallah*« zu dir. Auch wenn starker Seegang ist, wird das keine Rolle spielen, er wird das Schlauchboot weiter ins Wasser schieben, wird nicht darauf achten, was für ein Wetter aufzieht. Das Einzige, was ihn interessiert, ist, das Boot mit Leuten vollzupacken, und je mehr, desto besser.

Manche weigern sich aus Angst, sie wollen nicht, bleiben bis zum letzten Moment am Strand, ohne ins Boot einzusteigen. Die Araber rufen, »Wer einsteigen will, soll jetzt einsteigen, *yallah yallah*«, und wer Angst hat, wird draußen bleiben, mit angezogener Schwimmweste.

Er wird der Erste sein, der fällt, peng, ein Schuss ist genug. Sie werden ihn am Strand töten, damit er sein Geld nicht zurückverlangt. Oder damit er nicht ins Lager zurückkehrt und den anderen zu erzählen beginnt, was er an diesem Hafen gesehen hat. Weil das Angst verbreiten und weil Baba Hassan dann Kunden verlieren würde. Und das ist schlecht für Baba Hassan. Deshalb zwingen die Libyer niemanden ins Schlauchboot zu steigen, aber denjenigen, der nicht einsteigt, bringen sie sofort um, vor den Augen der anderen, peng.

Manchmal frage ich mich, ob es mir gelingen wird, das zu vergessen. Denn der Kopf ist wie ein Schrank, und um etwas aus dem Schrank herauszuholen, muss du eine andere Sache hineinstellen. Weil das Neue den Platz des Alten einnimmt. Aber ich mache nichts, während sie hier über mein Asyl entscheiden. Ich habe keine Arbeit, keine Freunde, ich habe nichts, was ich in den Schrank stellen könnte.

Meine Erinnerungen sind dort, an derselben Stelle. Und jeden Tag fallen sie mich an.

II

Wir waren zu Hause zwei Brüder, nicht drei. Jetzt bin ich allein. Ich habe zwei Schwestern und Mama. Aber meine Mutter kann ich nicht um Hilfe bitten. Eine Frau kann nicht das tun, was ein Mann machen kann. Das hat man mir so beigebracht. Und um dir die Wahrheit zu sagen, ist es in Afrika auch nicht dasselbe, ob du einen Bruder oder eine Schwester verlierst. Ich meine nicht wegen der Trauer, sondern wegen der Klage. Und wenn ich Klage sage, meine ich Verantwortung, die Verantwortung, die Familie durchzubringen. Ich kenne das gut, weil ich, seit Alhassane im Meer ertrunken ist, allein zurückgeblieben bin, um zu kämpfen. Jetzt bin ich dazu verurteilt, wie viele andere auch.

Aber das hier ist nicht der Ort meines Kampfs. Das war nicht mein Ziel. Weder Libyen noch Europa. Ich wollte Lastwagenfahrer werden, von Conakry nach Nzérékoré und von Nzérékoré nach Conakry fahren, und mit dieser Arbeit meine Familie unterstützen. Doch Alhassane ging fort von zu Hause, und ich musste aufbrechen, um ihn zu suchen.

Wenn ich ihn gefunden hätte, hätte ich mich neben ihn gesetzt und mit ihm geredet. Lange. Ich hätte alles vom Tag unserer Geburt bis heute noch einmal erklärt und zusammen hätten wir die Zukunft geplant. Bis er meine Worte angenommen hätte. Weil ich der ältere von uns Brüdern bin.

Aber ich hätte ihn nicht geschlagen, wie es Papa gewollt hätte. Oder Mama. Ich habe diesen kleinen Bruder nicht ein einziges Mal geschlagen. Mein Vater schlug mich oft. Doch ich konnte nicht so sein wie Papa, und meine Mutter hat sich darüber aufgeregt. »Jetzt ist deine Hand die Hand des Vaters«, sagte sie zu mir, »wenn er etwas falsch macht, musst du ihn schlagen, damit er es lernt.« »Ja, Mama«, gab ich nach, aber dann machte ich es doch nicht. Einmal weil mein Vater einen langen Gürtel besaß, ich jedoch nicht. Zweitens weil ich keine Kraft habe, jemanden zu schlagen. Und drittens weil ich nicht mein Vater bin. Deshalb setzte ich mich zu Alhassane und redete mit ihm, so wie ich jetzt mit dir rede.

Und wenn ich ihn gefunden hätte, dann hätte ich noch einmal mit ihm geredet. Ihm in die Augen geschaut und mit ihm geredet. Auf diese Weise gehen die Worte nicht verloren.

III

Drei Tage lang aß und trank ich nichts. Ich konnte nicht. Die Freunde gaben mir Essen und Trinken, aber ich sagte nur, »Nein«. Mein Körper ließ es nicht zu oder mein Kopf. Ich weiß nicht. Ich konnte nicht mehr stehen. Und nicht mehr laufen. Ich saß auf dem Boden, überlegte, »Wo bin ich?«, und war abwesend. Ich fragte, »Mit wem rede ich gerade?«, dabei redete ich mit niemandem. Die Leute waren seltsam. Ich war seltsam. Die Füße. Die Hände. Der Körper. Alles war fremd.

Jaarama buy. In unserer Sprache bedeutet das *vielen Dank*. Habe ich dir das schon gesagt? Entschuldige, ich werde verrückt. Denjenigen, die mir etwas anboten, sagte ich das, »*Jaarama buy*«, und denjenigen, die mir nichts anboten, auch, »*Jaarama buy*«. Die Worte waren seltsam, ich war seltsam, alles war seltsam. Drei Tage lang.

Am vierten machte ich mich auf die Suche nach Alhassane.

»*Naufrage*«, sagten sie zu mir, und ich verstand »*naufrage*«. Aber ich konnte mir nicht sicher sein und suchte ihn weiter. An denselben Orten, unter denselben Leuten. Ich ging zu ihnen und zeigte ihnen das Foto, »Ja, *miñan*, kleiner Bruder, hast du ihn irgendwo gesehen?«. Und dann fragte ich, »Glaubst du, dass einhundertvierundvierzig Menschen auf ein Schlauchboot passen?«. Einige antworteten mir nein.

Eine Woche, zehn Tage. Zwei Wochen. Drei. Vom Meer verschluckt.

Ich verwandelte mich in einen anderen Menschen.

Ich ging auf die Straße, »Ich will nicht mehr leben«, sagte ich, »mir wäre lieber, ich würde sterben«. Wenn ich auf das Leben blickte, ekelte es mich an. Ich wurde verrückt. Ja, ein Verrückter, der zu Fuß durch die leeren Straßen von Sabrata irrt. Schüsse hört, Schüsse sieht, aber nicht darauf achtet, wo sie herkommen. Nächste Straße. Stop. Die Kalaschnikows machten mir keine Angst. Die Sehnsucht nach dem Tod frisst die Angst.

Aber nicht ganz. Zum Beispiel wollte ich nicht dem alten Besitzer der Hühnerfarm über den Weg laufen, weil er mich sofort umgebracht hätte. Peng. In Libyen ist der Tod etwas Banales. Und ich wollte diesem Alten nicht die Genugtuung bereiten. Aber ich sehnte mich nach dem Tod. Oder nein. Ich weiß es nicht.

Ich wusste nicht, was ich wollte. Es ist schwer zu erklären, vor allem dir, der du das nicht erlebt hast und Libyen nicht kennst. Aber ich war ein anderer Mensch geworden, ich erkannte mich selbst nicht mehr. Wenn ein Araber mir etwas sagte, antwortete ich, was mir durch den Kopf ging, und schob hinterher, »Jetzt überleg, was du mit mir anstellen willst, bring mich um, wenn du magst«. Doch sie töteten mich nicht, also zeigte ich ihnen das Foto meines kleinen Bruders: *»No?«* *»No.«* *»Oke.«*

Und suchte weiter nach ihm.

IV

Emi ist aus Kamerun, ich lernte ihn in Sabrata kennen, im Lager von Baba Hassan. Ich weiß nicht, wo er jetzt ist, ob er überhaupt noch am Leben ist. Vielleicht, *inschallah*. Er holte mich aus diesem schmutzigen libyschen Meer heraus.

»Ibrahima«, sagte er, »du kämpfst mit Gespenstern.«

Emi verwendete eine andere Taktik beim Reden, manchmal war es schwer, ihm zu folgen. »Ibrahima, du wirst nie finden, was du suchst«, erklärte er mir, »oder vielleicht suchst du jetzt auch etwas anderes.« »Ich verstehe dich nicht, Emi«, antwortete ich. »Du suchst eine Strafe«, fuhr er fort, »jemand soll dich schlagen oder gefangen nehmen und foltern.« *»Ah bon?«* »Ja, du fühlst dich schuldig und brauchst jemanden, der dich bestraft, bis du stirbst. Erst dann bist du mit dir selbst im Reinen, erst dann hast du wieder Frieden.« Er schwieg drei oder vier Sekunden lang und fuhr dann fort. »Du musst versuchen zu leben, Ibrahima, du musst raus aus diesem schmutzigen Meer, das in dir ist, und wieder mit den Füßen auf der Erde laufen, Angst haben und Schmerzen spüren wie wir alle anderen auch.« »Du hast keine Ahnung, wie sich dieser Schmerz anfühlt, Emi«, antwortete ich, »du hast nicht wie Ibrahima einen kleinen Bruder verloren.« »Das stimmt«, gab er mir recht, und die Worte fielen Emi jetzt schwer, »ich werde es dir auf andere Weise sagen: Willst du mit mir morgen früh arbeiten gehen?«

Er erzählte mir, dass er in der Nähe von Sabrata, in Zintan, eine kleine Baustelle entdeckt habe. Dass die Chefs dort Araber seien, aber nicht so wie die, die ich kennengelernt hatte. Dass er ihnen erklären würde, dass ich ein Freund sei und sie mir vielleicht Arbeit geben würden. »Ich muss darüber nachdenken, Emi«, antwortete ich ihm.

Er wartete auf mich.

»Hast du nachgedacht?« »Ja. Ich gehe nicht zu dieser Baustelle, Emi, ich weiß, von wo ich geflohen bin, und ich habe Angst, diese Leute wiederzusehen.« »Ibrahima, dort musst du keine Angst haben, dort werden sie dich nicht schlagen, dort wirst du arbeiten und Geld verdienen.« »Kannst du mir das versprechen?« »Ja.« »*Oke*«, gab ich nach.

Am nächsten Morgen ging ich früh mit Emi zur Arbeit. Den ganzen Tag über schleppten wir Ziegel. Ziegel hochheben und an einer anderen Stelle wieder ablegen, Ziegel hochheben und ablegen. Das war die Arbeit. Das und Alhassane. Wenn ich Alhassane sage, dann meine ich meine Schuld, mein Versagen, meine *faute de négligence*.

Eines Abends ging ich zu Emi und sagte, »Emi, ich bin müde, ich will nach Algerien zurück. Kannst du mir helfen, einen Transport zu finden?«

»*Oke*«, sagte er.

V

In einem Pick-up kehrte ich, ganz allein, nach Algerien zurück. Ich und ein arabischer Fahrer. Er sagte mir, ich solle vorn einsteigen, und das tat ich auch. Die Fahrerkabine hatte verdunkelte Scheiben. Auf diese Weise können die Leute draußen dich nicht sehen, aber du sie schon. Aus diesem Land Cruiser heraus sah man alles.

Doch dort ist alles nichts. Eine leere Wüste. Sand über Sand. Wenn wir beide heute dort hingehen und du mir sagst, »Bring mich nach Algerien«, würde ich den Weg nicht finden. Ich würde die Wüste sehen, aber ich würde nicht wissen, welche Richtung ich einschlagen müsste. Die Araber wissen es, sie kennen die Wüste sehr gut.

Bevor der Land Cruiser die Grenze erreichte, hielt er in einem kleinen Dorf, und der Fahrer befahl mir auszusteigen. Ich tat es. »Libyen endet hier«, erklärte er mir, »von hier musst du zu Fuß gehen.« »*Oke.*«

Das war kein Problem für mich, denn auch beim ersten Mal war ich zu Fuß gegangen, nachts, ich war den beiden Guineern gefolgt. Ich wusste, wie man diese Grenze überquerte. Also schöpfte ich um siebzehn null null Wasser am Brunnen von Ghadames und brach dann zu Fuß auf.

Die Nacht durchquerte ich von einem Ende zum anderen, durch den Sand, und erreichte Algerien mit dem Morgengrauen. Wenn du von der libyschen Seite kommst, beginnt Algerien in Deb Deb.

Am Bahnhof von Deb Deb gibt es in einer Ecke einen kleinen Brunnen. »Ich werde beten«, beschloss ich und ging hinüber. Vor einem Gebet musst du dir das Gesicht waschen. Dreimal. Dann die Hände. Auch die Hände wäschst du dreimal, ganz langsam, bis zum Ellenbogen hinauf. Dann kommt der Kopf. Und die Haare. Du musst sie nur befeuchten, aber das Wasser muss bis an die Kopfhaut gelangen. Schließlich die Füße. Die Füße müssen auch dreimal gewaschen werden. Jetzt kannst du beten.

Das machte ich, um Gott zu danken. *La Lybie c'est fini.*

VI

Algerien besteht zu mehr als der Hälfte aus Wüste. Auch Mali. Aber wenn du durch die eine oder die andere läufst, wirst du merken, dass die Wüste nicht immer gleich ist. In der Wüste von Mali gibt es viele Leichen. Dort ist es leichter zu sterben als zu leben. Der Wind umhüllt deinen Körper, und die Füße versinken im Sand. In Algerien gibt es befestigte Wege für LKW, Busse, Pick-ups, für alle. Auch für dich. Eine asphaltierte Piste durchquert den Sand, und am Straßenrand gibt es ein paar kleine Dörfer, algerische Dörfer. Häuser aus Lehm, Straßen aus Erde, eine Moschee und einen kleinen Brunnen. Dort kannst du deinen Kanister mit Wasser auffüllen und weiterziehen.

Ich ging sechs Tage zu Fuß von Ouargla nach Ghardaia. Einhundertneunzig *kilo*, ohne etwas zu essen. Zu trinken nur Wasser. Aber das ist für mich nicht besonders schlimm, denn ich weiß jetzt, dass der Hunger einen nicht tötet, genauso wenig wie die Schmerzen. Um zu sterben braucht man eine andere Taktik.

Manchmal fange ich an nachzudenken und frage mich, »Was ist das Schlimmste, der Hunger oder der Schmerz?«, ich überlege, »meiner Ansicht nach ist der Hunger von den beiden das Schlimmere, ja, der Hunger«. Denn der Hunger kennt keine Scham, wenn du Hunger hast, machst du alles, um etwas zu essen zu finden. Wenn du Schmerzen hast, kannst du warten und geduldig sein.

Aber nicht alle Schmerzen haben gleich viel Geduld.

VII

Meine Zahnschmerzen begannen in Sawija, im Hühner-Hangar. Sie folgten mir nach Ghardaia. Ich fragte mich,

»Wird mich dieser Schmerz nie vergessen?«. Und ich verzweifelte, denn der Schmerz war grenzenlos. Am Tag genauso wie nachts. Er ließ mich nicht schlafen.

Ich suchte ein Medikament, hatte aber keine Kohle und bekam deshalb keins. »Wird schon wieder aufhören«, sagten sie zu mir, aber es hörte nicht auf. Ich hatte Lust zu sterben, sie wurde immer größer. Ich betete sogar, dass ich starb. Ja, ich betete. Ich wollte nicht hierbleiben. Wozu? »Wenn du dort bist, tot«, dachte ich, »hast du deine Ruhe, niemand stört dich, niemand schlägt dich, niemand beleidigt dich. Außerdem wirst du keinen Hunger haben und kein Wasser mehr trinken müssen.« Das alles dachte ich.

Ich ging auf die Straße und machte mich auf die Suche nach einem Faden. »Ich brauche einen Faden«, sagte ich zu den Leuten, »er muss dünn sein, aber etwas aushalten können.« Sie verstanden mich nicht. Und sie liefen an mir vorbei, als wäre ich nicht da, als wäre ich stumm. »*Jaarama buy.*« Den ganzen Tag lief ich auf der Suche nach einem Faden durch Ghardaia, aber da war nichts. Niemand verstand mich, niemand gab mir etwas.

Schließlich kehrte ich in die Herberge von Ivu zurück. Ivu ist aus der Elfenbeinküste, und er arbeitet in einem *tranquilo* in Ghardaia. Dort ging ich hinein und sah einen großen Wandteppich, wie der Teppichboden dort, aber etwas länger. Ein paar Fäden standen heraus, sie waren nicht richtig hineingewebt und begannen sich zu lösen. An einem von ihnen fing ich an mit Kraft zu ziehen, und der Faden kam ganz aus dem Teppich heraus. »Damit versuche ich es«, dachte ich und fing an.

Eins, ich machte mir an das eine Ende einen Knoten, *un nœud de tête*. Zwei, ich legte ihn in den Mund und zog fest daran. Ja, »Jetzt ist der Zahn gefangen«. Drei, ich band das andere Ende an einen meiner Füße, ungefähr so. Und mit dem Bein begann ich am Zahn zu ziehen. Erst nach links, dann nach rechts, immer wieder. Ich wiederholte diese Bewegung sehr oft. Der Zahn wippte wie eine Schaukel hin und her, aber er wollte nicht raus. »Jetzt weiß ich, was ich mache«, dachte ich, ließ den Fuß am Boden stehen und stand auf. Krack. Er fiel auf den Boden. Der Zahn. Mit dem Faden und allem.

Mir schwoll eine Seite des Gesichts an, wie ein Schlauchboot. Es begann mit der Wange und ging dann zur Stirn hoch. Auch das Auge war nicht mehr zu sehen. Es verschwand hinter dem Fleisch, war gefangen, ich bekam es nicht mehr auf. Zwei oder drei Wochen lang lief ich so herum. Schließlich ging die Luft wieder raus aus dem Fleisch, und meine Schmerzen im Mund ließen allmählich nach.

Als ich wieder gesund war, dachte ich, »Ich muss anfangen zu arbeiten«. Ich ging zu der Straßenecke, wo man in Ghardaia Arbeit findet. Die, die der kleine Ismail mir gezeigt hatte. Ein alter Mann kam zu mir und fragte, ob ich wisse, wie man Zement mischt. Ja, antwortete ich, *»Bien sûr«*.

Eine ganze Woche verbrachte ich in Ghardaia, schweiß gebadet und Zement mischend. Dieser Schweiß gab mir Kraft. Wenn ich Kraft sage, meine ich den Wunsch, weiterzuleben. Ich fing an, ein bisschen Geld zu verdienen –

und zu verstehen, dass auch ich in dieser Welt einen Platz haben kann.

Aber die Welt besteht aus mehr als einem Platz, und einer, der neben mir Zement mischte, sagte, »In Algier gibt es mehr Jobs als hier, und sie zahlen besser«. »*Oke*«, bedankte ich mich und machte mich nach der Arbeit auf den Weg zum Busbahnhof.

Ghardaia-Algier, tausendzweihundert Dinar. Um zweiundzwanzig null null fuhr ich von Ghardaia ab und war im Morgengrauen in Algier.

VIII

Ich muss noch einmal ein Stück zurückgehen, weil ich in Ghardaia etwas vergessen habe, eine Sache, die ich erzählen will. Sie ist nicht einfach zu erklären, aber wichtig für mich. Wenn ich wie Emi sprechen könnte, würde ich es ganz einfach formulieren können, aber ich bin Ibrahima und versuche es in meinen Worten. Mal sehen, ob du mich verstehst.

Bevor ich nach Libyen ging, kannte ich viele Leute in Ghardaia, aber als ich zurückkehrte, erkannten mich viele nicht wieder. »Ibrahima ist verrückt geworden«, begannen sie zu sagen. Ich erwiderte nichts, aber hörte alles. »Ibrahima ist durchgedreht«, das sagten sie.

Früher war ich sehr gesprächig und hatte viel Humor. Aber aus Libyen kam ich stumm zurück. Ich hatte Zahnschmerzen. Und Kopfschmerzen. Im ganzen Körper hatte ich Kopfschmerzen. Es waren zwei Arten von Kopfschmerz. Der eine war Alhassane, der andere Mama. »Wie erkläre ich das Wort *naufrage* unserer Mutter? Wie kann ich ihr die Nachricht von Alhassane überbringen?« Wenn ich anfing, mir die Antworten vorzustellen, dachte ich, »Das Leben interessiert mich nicht mehr«.

Und so blieb ich stumm. Ich machte nichts. Ich lag oder saß herum und hörte, »Ibrahima ist verrückt geworden«.

Eines Tages sah mich ein Freund und sagte, »Ibrahima, ich habe heute etwas erfahren«. Ich fragte ihn, »Was?«. »Ich habe Leuten im *tranquilo* beim Gespräch zugehört, und sie sagen, dass du verrückt geworden bist.« »Ja«, beruhigte ich ihn, »das ist wahr, hast du es etwa nicht bemerkt?« Er sagte nein. »Doch«, erläuterte ich ihm, »es ist so, wie sie sagen, ich bin wahnsinnig geworden. Ist das ein Problem für dich?« »Nein«, er verstummte. Dann fuhr ich fort, »Hast du eine Zigarette?«. »Ja.« »Bitte gib mir eine.«

Ich steckte die Zigarette an und schwieg. *Un fou, c'est comme ça*, wenn du verrückt bist, ist das so: Du hast zu nichts Kraft, die Leute interessieren dich nicht. Du willst lieber allein sein.

Auch hier bin ich oft allein und denke nach, »Was könnte ich mit meinem Leben anfangen?« Aber ich konzentriere mich und schau mich um, nach links und rechts. Mein Vater sagte oft: »Was auch immer geschieht, du wirst immer in der Mitte sein, jemand wird vor dir und jemand hinter dir sein. So ist das Leben, du kannst nie sagen: Ich leide mehr als alle anderen.«

Siehst du den Jungen, der dort sitzt, dort auf dem Holz-
stuhl?

Das ist Ousmane, er kam vor zwei Monaten nach
Irún. In der Unterkunft sucht er immer Streit, er be-
ruhigt sich nie. Den ganzen Tag über spricht er nicht,
außer wenn er nach einer Zigarette fragt, er ist allein,
vergisst die anderen um sich herum. Alle sagen, dass er
verrückt geworden ist. Ja, verrückt. Das sagt sich leicht.
Aber ich verstehe ihn.

Weil ich weiß, was es bedeutet, wenn der Geist um-
herirrt, wenn er weggeht, ist es nicht leicht, ihn wieder
zurückzubringen. Vielen Leuten geht es so, ich habe das
gesehen. In Libyen, Algerien, Marokko. Verlorene, verzweifelte Menschen, die lieber tot gewesen wären, aber
noch lebten. Sie lebten, ohne zu wissen, wozu und welchen Weg sie einschlagen sollten. Hier ist es dasselbe.

Schau, dort ist Ousmane, auch heute sitzt er dort
auf seinem Stuhl, siehst du ihn? Woran denkt er wohl?
Wird es ihm wohl gelingen, alles zu vergessen, woran er
sich erinnert?

Wir haben viele Leichen auf dem Weg gesehen. Einige
in der Wüste, andere im Meer. Die Leichen bleiben dort,
wir bewegen uns weiter. Das ist der Unterschied. Aber
unsere Bewegungen organisiert jemand anderes. »Geh
dahin«, sagen sie uns, und wir gehen dorthin. »Komm
hierher«, sagen sie uns, und wir kommen hierher. Ohne
Fragen zu stellen. Verbringen die Tage. Sitzen auf einem

Stuhl und rauchen eine Zigarette. Bis uns jemand die nächste anbietet.

Der Faden des Gleichgewichts ist dünn, und es ist schwer, ihn nicht zu zerreißen. Deshalb habe ich mich heute neben Ousmane gesetzt und ihm gesagt, »Lass nicht los, Ousmane, halt fest«. Ich versuche ihn zu sensibilisieren, damit er seine Einstellung ändert. Aber er antwortete, »Bruder, inzwischen lässt sich mein Leben nicht mehr reparieren«. Und ich schwieg, weil ich Ousmane verstand. Seine Worte und seine Sprachlosigkeit. Dieses Leiden ist nicht für einen einzelnen Menschen gemacht.

Wenn du so leidest, wirst auch du krank werden. Dein Kopf wird dich auf einem Stuhl zurücklassen und gehen. Vielleicht für immer. Die Leute werden an dir vorübergehen und sagen, dass du verrückt bist. Ja, sie werden das Wort verrückt verwenden, als wäre es ein ganz normales Wort. Das ist einfach.

X

»Du brauchst ein wenig Liebe, Ibrahima«, sagte ein Freund zu mir, »du musst jemanden finden und an der Hand nehmen, das wird dich wieder ins Leben zurückbringen.« »Ich weiß«, antwortete ich, »ich möchte das auch, und es ist mein größter Wunsch, eines Tages eine Familie zu gründen. Aber ich kann das jetzt nicht, ich trage zu viele Sorgen mit mir herum.«

Und so ist das: Die Leute hier glauben mir das nicht, aber seit ich aus meinem Land weggegangen bin, habe ich keine Liebesbeziehung mehr gehabt. Ich habe sie nie gesucht. Und sie haben mich nicht gesucht. So simpel war das. Als ich später in Marokko im Wald war, kam manchmal eine Frau zu mir und fragte mich, »Ibrahima, gehst du Wasser für uns holen?«. Ich antwortete, »Ja, klar«, und ging. Ich fing an ihr zu helfen, wo ich konnte, und wenn ich etwas nicht machen konnte, sagte ich, »Nein, das ist unmöglich«.

Wenn du etwas vorhast, wird dein Herz sich darum kümmern und auf die Suche machen, aber wenn du nicht darüber nachdenkst, bleibt das Herz stumm, und der Wunsch macht sich nicht auf den Weg. Es ist also wahr, auf meiner Reise habe ich keine solche Erfahrung gehabt, aber das beschäftigt mich nicht, *rien du tout*. Das Einzige, was mich beschäftigt, ist mein Leben. Wann und wo werde ich meine Mutter sehen? Und was wird sie denken, wenn sie mich sieht?

Das ist das Einzige, was mir durch den Kopf geht.

XI

… entschuldige, ich habe den Faden verloren. Wo waren wir?

… ach ja, Algier.

Ich verbrachte ein Jahr und drei Monate in Algier, in dem Viertel Birkhadem. Ungefähr fünfhundert Tage.

Jeden Tag hatte ich drei Begleiter: Wasser, Sand und Zement. Auch drei Kleidungsstücke: eine Schaufel und zwei Handschuhe. Die Handschuhe habe ich mir gekauft, weil sich meine Hände auflösten. Aber Birkhadem gehen die Hände nie aus, jeden Tag gibt es dort Nachschub. Aus Mali, Nigeria, Kamerun, von überallher. Jeden Tag. Alles Migranten. Afrikaner, die die Wüste durchquert haben, oder Syrer, die vor dem Krieg geflohen sind. Die Logik ist sehr simpel, wenn eine Arbeit hart ist, dann wird sie ein Migrant machen.

In Birkhadem musste man halb im Verborgenen arbeiten, damit die Polizei einen nicht erwischte. Auch nachts verließen wir die Baustelle nicht. Wir schliefen versteckt hinter ein paar großen Zementblöcken. Das war unser Bett, ein Stück Beton. Und das war unsere Decke, ein Stück Karton. Bei Tagesanbruch standen wir auf, beteten, legten den Karton zusammen und gingen zur Arbeit.

Abgesehen von der Baustelle kenne ich nichts von Algier. In den Ländern des Maghreb werden wir nicht respektiert. Wenn ich mal einen Laden betrat, weil ich etwas kaufen musste, warfen sie mich raus, »Tiere sind hier nicht erlaubt«. Und auf der Straße hörte ich Beleidigungen. Oder sie sagten gar nichts, sondern hielten sich nur die Nase zu, wenn sie an mir vorbeigingen.

In den Ländern des Maghreb nehmen die Demütigungen kein Ende. Nicht nur die Polizei ist dafür verantwortlich, auch ganz normale Leute wie du und ich, oft auch Kinder. Und du hast keine andere Wahl, als das zu akzeptieren, du darfst nichts sagen.

XII

Algier hat drei Bahnhöfe. Einen für Züge, den anderen für Taxis und den letzten für Busse. Der Busbahnhof heißt Kharuba. Dort kaufte ich ein Ticket nach Oran.

Algier-Oran, achthundert Dinar, sechs Stunden.

Als ich aus dem Bus stieg, kam ein Mann auf mich zu, und noch bevor er »Guten Tag« gesagt hatte, bot er mir an, »Wenn du willst, werde ich dir helfen, nach Marokko zu kommen. Ich kenne die Wege dorthin gut«. Er war ein Fluchthelfer, aber kein Araber. »Ich bin aus Gabon«, sagte er mir, »und schon lange in Algerien.« Am Anfang vertraute ich ihm, aber als er mir ein paar Informationen gegeben hatte, verlangte er hundert Euro von mir. »Das ist der Preis für meine Arbeit.«

»Entschuldige«, antwortete ich, »aber ich werde nichts zahlen, bevor ich in Marokko angekommen bin.« »Alle anderen machen es so«, wurde er wütend, »du wirst es genauso machen wie sie.« »Nein«, bekräftigte ich, »wenn du deiner Arbeit vertraust, ist es für dich egal, ob du dieses Geld hier oder dort bekommst.« Ich zeigte ihm die Geldscheine, einhundert Euro in algerischen Dinar, damit er merkte, dass ich ihn nicht betrügen wollte. Er überlegte ein wenig und sagte dann, »*Oke*, wir werden heute Nachmittag aufbrechen«.

Wir nahmen einen Zug von Oran nach ich-weiß-nicht-wohin und stiegen in einem kleinen Dorf aus, vierundvierzig Personen. Alles Leute wie ich. »Von hier müssen wir zu Fuß weitergehen«, sagte der Mann aus Gabon, und unsere Spur verlor sich zwischen den Bergen. Da verstand ich, »Wir werden nicht über Zäune springen, von Algerien nach Marokko werden wir über die Berge gehen«.

Mohamed Salah ist ein langes und tiefes Tal. Wir sagen ›Tunnel‹, die Franzosen nennen es *le canyon*. Wer große Höhenangst hat, kann den Weg nicht nehmen, weil du am Abgrund entlanglaufen musst. Dort ist alles Gefahr. Ein normaler Mensch ist nicht gewohnt, an solchen Stellen entlangzugehen. Auch die Polizei nicht.

Zwei Nächte lang folgten wir dem Schleuser. Tagsüber versteckten wir uns im Wald, und wenn die Sonne verschwunden war, traten wir auf den Weg. »Die Marokkaner haben große Scheinwerfer und kontrollieren alles vom Berggipfel aus«, warnte uns der Gaboner, »ihr müsst vorsichtig sein.«

Irgendwann wurden die Berge breiter und am Rand der Schlucht tauchte etwas auf, ein schmales Licht. Wir folgten diesem Zeichen und erreichten eine kleine asphaltierte Straße. Dort wartete ein alter Minibus auf uns, er sollte uns nach Oujda bringen.

Als ich in den Minibus steigen wollte, hielt mich eine Hand fest. »Und meine Kohle?«, fragte mich eine Stimme.

XIII

Von Oujda nach Tanger ist es ein weiter Weg, zu weit, um zu Fuß zu gehen. Meine Füße tragen mich jetzt nicht mehr so lang. Wenn ich losgehe, erinnern sie sich an die Wüste und schwellen an. Vor allem das rechte Bein. Dann muss ich stehen bleiben.

»Der Busbahnhof ist hinter diesem Platz«, sagte ein alter Mann zu mir. »*Oke*«, antwortete ich und nahm den Bus nach Tanger. Ich erinnere mich nicht an den Preis, aber an die Fahrzeit. Wir fuhren um neun Uhr vierzig in Oujda los und waren um neunzehn null null in Tanger.

Die erste Nacht verbrachte ich am Busbahnhof, ich legte mich auf eine Bank. Ich kenne Tanger nicht. Am nächsten Morgen erklärte mir ein Afrikaner, »Hier leben Leute wie du und ich im Wald«. »*Ah bon?*« »Ja.« »*Oke.*« Und ich stieg den Wald hinauf. Es war *suumayee*.

In unserer Sprache bedeutet *suumayee* Ramadan, der Fastenmonat.

Im Wald von Tanger hat jede Gemeinschaft ihren eigenen Ort. Dort sind die Leute aus der Elfenbeinküste, da die aus Nigeria oder Kamerun und wir hier. Die meisten von uns waren Moslems, aber niemand hielt die Fastenregeln ein, es war unmöglich. Im Wald isst man, wenn man kann, egal ob am Tag oder in der Nacht. Die Religion weiß das und respektiert es.

Wir Guineer zahlten jeder fünf Dirham in eine Gemeinschaftskasse ein, und wenn es dunkel wurde, ging jemand in die Stadt, um etwas zu essen zu besorgen. Es war gefährlich, hinunterzugehen, aber ohne Essen zu leben, ist nicht leicht. Es macht Bauchschmerzen. Deshalb traute sich immer jemand. Manchmal war ich es.

Wenn man zurückkam, brannte schon das Feuer, und die Frauen kochten. Dann aßen alle, die Männer, Frauen und Kinder.

XIV

Ich habe dir von den Bauchschmerzen erzählt. Auch das ist ein Abenteuer, und ich weiß, was es bedeutet.

Dieser Schmerz begann nicht in Tanger, er kam mit mir von Algerien herüber. Seit meiner Geburt hatte ich nicht solche Schmerzen gehabt, ich dachte, »Der Mann wird bald verschwinden«. Wenn ich *Mann* sage, dann bin ich dieser Mann, und auch der Schmerz, das bin ganz ich. Vor allem aber ist er mein Bauch, er beginnt an meiner Brust und geht hinab bis zu den Beinen. So wie wenn du mir mit einer Zange die Eingeweide zerquetschen würdest.

Aber ich konnte dort nicht ins Krankenhaus gehen. In Marokko ist es nicht wie hier. Hier haben sie mich in die Notaufnahme gebracht, und der Arzt hat gesagt, »Das müssen wir noch heute operieren«. Sie haben mich schlafen lassen, und ich bin mit zwanzig Stichen am Bauch wieder aufgewacht. Ich hatte eine Magenhernie. Aber in Algerien oder Marokko kannst du nichts machen. Sobald du ein Krankenhaus betrittst, sagen sie zu dir, »Geh zu dir nach Hause, das hier ist nicht dein Land«. Deshalb lebte ich mit den Bauchschmerzen und dachte, »Der Mann wird bald verschwinden«.

Eines Abends kam ein Freund zu mir und sagte, »Ibrahima, ich werde einen *marabout* holen«. In Afrika ist *le marabout* eine Person, die die Geheimnisse des Körpers kennt. Des Korans und des Körpers, aber er ist kein Arzt, diese Person hat nie eine Schule betreten. Ich lehnte ab, »Das geht schon vorbei«, sagte ich. »Nein, Ibrahima«, beharrte er, »ich sehe den Schmerz in deinen Augen und geh jetzt gleich einen *marabout* suchen.« Fünf Minuten später waren wir dort. Ich aus Guinea, er aus Niger. Ich der Bauchschmerz, er der *marabout*. Er stellte mir ein paar Fragen und begann dann mit seinem *marabout*-Zeug.

Eins, er berührte den Bauch. Zwei, er bewegte die Arme. Drei, er schloss die Augen. Mit geschlossenen Augen kann man besser nachdenken. »Ibrahima, was ist das für ein Schmerz?«, fragte er mich. »Seit meine Mutter mich auf die Welt gebracht hat, habe ich noch nie solche Schmerzen gehabt«, antwortete ich. »*Oke*, damit dieser Schmerz nachlässt, musst du eine Pflanze essen, und diese Pflanze heißt ...«

Entschuldige, jetzt habe ich es vergessen ... Warte, ich wusste es doch ...

Ist egal. Außerdem vertraute ich ihm nicht und sagte, dass mein Körper nicht daran gewöhnt sei, solche Sachen zu essen. »Ibrahima, das ist dein Medikament«, wiederholte er, »das ist es, was du essen musst, um wieder gesund zu werden.« »*Oke*«, antwortete ich, »tausend Dank.«

Aber ich aß es nicht. Wenn du einen Schmerz in deinem Körper hast, verbindet er sich mit anderen Verletzungen und lässt dich vergessen. Und ich wusste, was mich quälen würde, wenn die Bauchschmerzen vorüber waren. »Alhassane, kleiner Bruder ...« Für diesen Schmerz gibt es aber keine Pflanze im Wald. Das weiß ich auch ohne *marabout*.

Deshalb begleiteten mich die Bauchschmerzen von Algerien nach Marokko. In Oujda hatte ich sie drei Tage und in Tanger die meiste Zeit. Auch in Nador. Aber ich konnte nichts tun, denn die Krankenhäuser dort sind nicht wie hier. Wenn du Migrant bist, kommst du durch die Tür herein und sie sagen dir, »Hau ab, du hast hier nichts zu suchen«.

Und die Zangen zerquetschen weiter deine Eingeweide.

XV

In Tanger verbrachte ich drei Monate. Vierundzwanzig Stunden am Tag auf der Lauer und immer die Angst. Die Polizei kam fast jeden Tag in den Wald, und wir rannten alle den Berg hinauf. Die Kameruner, Malier, Ivorer und wir. Ganz Afrika rannte davon. Die marokkanische Polizei Knüppel schwingend und Beleidigungen ausstoßend hinter uns her.

»Stop, *taburdimok*, stop.«

Schließlich schnappten sie mich. Zweimal. Die Narben habe ich noch. Siehst du sie? Warte, ich werde die Hose ein Stück hochziehen. *Voilà*. Das ist passiert, als ich losgerannt und in ein Loch gefallen bin. Die Polizei musste einen Stein mit einem Hammer zerschlagen, damit ich das Bein wieder herausziehen konnte. Dann machten sie meine Taschen leer, setzten mich in einen Bus und schickten mich nach Tiznit. »Komm nicht wieder hierher.« »*Oke.*«

Aber ich kam zurück. Tiznit-Casablanca-Tanger, achthundert Dirham, vierzehn Stunden. Ich fuhr, mit meinem Geld. Weil mich die marokkanische Polizei mit einem Knüppel gedemütigt und die Taschen ausgeleert, aber das Geld nicht entdeckt hatte. Den Geldbeutel schon, zusammen mit dem Foto meines kleinen Bruders und einem Telefon von Sony Ericsson. Doch das Geld nicht. Ich hatte beschlossen, »Auch wenn ich sterbe, wird dieses Geld mit mir verfaulen, niemand wird es finden«.

Nur ich weiß, wo ich es aufbewahrte.

Wenn du willst, werde ich es dir sagen. Sonst fängst du vielleicht an herumzuraten und denkst etwas anderes. Das geschieht oft. Deshalb werde ich es dir erzählen, vorsichtshalber, damit du nicht auf falsche Gedanken kommst.

Siehst du diese Hose? Ja, die Jeans. Am Knöchel hat sie eine kleine Falte, den Saum, an dieser Stelle ist die Hose doppelt genäht, sie hat zwei Seiten. Wenn du genau hinsiehst, ist es bei deiner auch so, ich glaube, alle Jeans sind gleich. Siehst du? Diesen Saum kann man öffnen, den Faden herausziehen und etwas hineinstecken. Zum Beispiel Geldscheine, die man wie eine Zigarette zusammengerollt hat. *Voilà.* Dann musst du den Saum wieder zumachen, ohne dass man es sieht, ihn mit dem

Faden vorsichtig zunähen. Und dann sind die Geldscheine gefangen, bis du sie brauchst.

Das habe ich gemacht. Und so habe ich den Bus ge-
zahlt, um nach Tanger zurückzukommen.

XVI

»In Nador sind die ›Programme‹ nach Europa billiger
als hier.« Das sagte mir ein Malier in Tanger. Ich überlegte sofort, »Wenn sie dort billiger sind, was machst du
dann hier?«. Ich glaubte ihm nicht. Aber ich fuhr nach
Nador.

Nador ist weiter weg von Europa als Tanger, aber der
Wald dort ist sehr groß. Ich kann dir nicht vorrechnen,
wie viele Wälder es dort gibt, vielleicht acht oder zwölf.
Alle Wälder sind gleich, aber jeder hat seinen eigenen
Namen, zum Beispiel Afra oder Buzunbura. Unserer
hieß *Peau blanc*. Ja, *peau blanc*, weiße Haut, ich weiß nicht
warum.

Insgesamt habe ich sechs Monate dort verbracht,
hundertachtzig Tage, ohne etwas zu machen. Du bist ein
Baum mehr dort, und es ist Winter. Regen, Wind, Kälte.
Und ein Karton oder zwei. Sich hinlegen und nicht bewegen. Wie die Kälte.

Manchmal kommt die Polizei. Dann lässt du den Karton liegen und rennst davon. *Stop, taburdimok, stop.* Aber
Nador ist nicht wie Tanger. In Nador wird die Polizei
schneller müde und gibt auf, bis morgen, *»au revoir«.*

Dann kannst du zu deinem Karton zurückgehen und dich hinsetzen. Oder hinlegen und warten, es ist Winter.

Die Schmuggler verlangten viertausend Euro von uns, oder dreitausendfünfhundert. *Au minimum, minimum,* dreitausend. Und ich hatte nur zweitausendsiebenhundert. Die ›Tombola‹ ist nicht billig, und sie ist gefährlich.

Verzweifelt entscheiden sich viele für ein Wunder, *le ramer-ramer*, rudern-rudern. Sie schmeißen zu viert oder fünft Geld zusammen und kaufen ein kleines Schlauchboot. Mit ein paar Holzpaddeln machen sie sich auf den Weg. Mir haben sie es auch vorgeschlagen, aber ich habe abgelehnt. Ich dachte, »Dieses ›Programm‹ kostet nur hundert Euro, aber es ist schrecklich gefährlich, wenn Wasser ins Schlauchboot zu schwappen beginnt, *c'est fini.*«

Vor kurzem habe ich erfahren, dass einige Freunde, die ich im Wald zurückgelassen habe, auf dem Meer gestorben sind. Über Messenger haben sie mir eine Nachricht geschickt.

XVII

Wenn du im Wald lebst, egal ob in Tanger, Nador oder irgendwo anders, gibt es immer noch einen anderen Wald, einen, den man nicht sieht, den jeder in seinem Inneren mit sich herumträgt. Die Leute schweigen, niemand erzählt etwas, aber wenn du ihnen in die Augen schaust, merkst du, dass sie etwas haben, etwas, vor dem sie nicht davonlaufen können. Die Polizei kannst du leicht ausdribbeln, aber diese andere Sache nicht.

Wenn ich ›diese andere Sache‹ sage, dann meine ich die Geschichte, die jeder mit sich herumträgt.

Ich hatte nicht vor, mich auf eine große Reise zu begeben. Ich lernte gerade LKW fahren, und wenn ich weitergemacht hätte, hätte ich wahrscheinlich bald zu arbeiten begonnen. Mit diesem Beruf hätte ich eine Möglichkeit gehabt, meine Familie zu unterstützen, ohne Guinea zu verlassen. Das war mein Ziel. Aber mein kleiner Bruder ging weg, und mein Schicksal änderte sich.

Aus Algier rief ich meine Mutter an. Es war Freitag. Ich erklärte ihr, dass sie Alhassane nicht wiedersehen würde, und sie fing an zu schreien und weinte. In diesem Augenblick weinte Mama sehr. Ich weiß nicht, was danach kam. Die Telefonkarte war leer, und wir konnten die Unterhaltung nicht beenden. Als der Anruf unterbrochen wurde, weinte auch ich, weil ich diesen Jungen sehr liebte.

Alhassane, *miñan*, kleiner Bruder. Ich weiß, dass ich an seinem Tod schuld war. Ja, *faute de négligence*. Ich habe mich nicht genug gekümmert, *tu comprends?*

Deshalb meine ich, wenn ich ›diese andere Sache‹ sage, die Geschichte, die jeder mit sich herumträgt. Das Durcheinander aus Träumen und Schuldgefühlen. Das ist es, was jeder im Stillen mit sich trägt, in einem anderen Wald.

Auch hier attackiert mich ›diese andere Sache‹ jeden Tag, und ich habe Angst. Angst, dass ich meine kleinen Schwestern auch verlieren werde. Rouguiatou und Binta. Denn bevor ich von zu Hause wegging, gab es unter uns eine Kraft, die mit Worten nicht einfach zu erklären ist. Sie verstanden alles, was ich ihnen sagte, und waren immer einverstanden mit mir. Aber seit ich von zu Hause aufgebrochen bin, ist viel Zeit vergangen, und die Zeit verändert alles.

Deshalb rufe ich, wann immer ich kann, meine Mutter an und frage, »Mama, geht es meinen kleinen Schwestern gut?«. Dann gibt Mama ihnen das Telefon weiter, und sie fragen mich, »Ibrahima, erinnerst du dich noch an uns?«.

XIX

Wenn ich jemals wieder nach Hause zurückkehre und Mama und meine Schwestern noch dort sind, würde ich ihnen gern alles erzählen, was ich dir gerade erzähle. Damit auch sie mich ein bisschen verstehen. Denn sie wissen ja nichts. Das Telefonguthaben ist klein, und die Distanz sehr weit. Aber wenn ich eines Tages dorthin zurückkehre und sie da sind, werde ich mich neben sie setzen und es ihnen erzählen.

Das Leben beschreibt sich nicht leicht. Erst Mali, dann Libyen. Peng-peng und die Folter. Ja, so erging es mir, auf der Suche nach Alhassane. Aber er ist in ein Schlauchboot gestiegen und aufs Meer hinausgefahren.

Einhundertdreiundvierzig Personen und er. Ich wusste nichts. Doch an einem Freitag, auf dem Rückweg von der Moschee, haben sie mir das Wort *naufrage* erklärt, und ich begriff, »*c'est fini*. Alhassane, ist mir aus den Händen gefallen«.

Genau so, wie ein Papiertaschentuch.

All das werde ich ihnen erzählen, und ich weiß auch, was sie mich fragen werden. Nämlich warum ich nicht nach Hause gekommen bin, wenn doch Europa gar nicht mein Ziel war. Ich frage mich das oft selbst, und es ist nicht leicht zu erklären. Aber ich werde es dir sagen. Eins, weil es schwer ist, deinen Weg zu finden, wenn dich die Schuldgefühle quälen. Zwei, weil es zu spät ist umzudrehen und dein Zuhause zu weit weg ist, wenn du einmal in Marokko oder Libyen angekommen bist. Du bist zwischen Wüste und Meer gefangen, wie ein Tier. Und drei, weil ich es nicht verdiene, meiner Mutter vor die Augen zu treten. Das ist es, was ich wirklich denke.

Deshalb habe ich schon eine ganze Weile nicht mehr gebetet. Das letzte Mal, als sie mich zur ›Tombola‹ mitgenommen haben. Ja, dort, als ich ohne Schwimmweste ins Boot stieg. Ich betete und dachte, »Wenn Gott will, dass ich es nach Europa schaffe, werde ich in Europa ankommen. Und wenn er es nicht will, dann werde ich im Meer verloren gehen«.

Auch ich.

XX

»Ich habe nicht so viel Geld.«

Das sagte ich den Leuten, die in den Wald kamen, um ›Programme‹ zu verkaufen. Sie dachten, dass ich log, dass ich mich weigerte, ihnen den kompletten Preis zu bezahlen. Aber es war die Wahrheit, ich hatte keine dreitausend Euro. Ich kam mit zweitausendsechshundert Euro nach Nador. Deshalb wurden wir uns nicht einig, und sie gingen ohne mich. Die Schleuser und die ›Programme‹. Immer wieder. Und sie kamen nicht zurück.

Nicht alle Schleuser waren Araber. Einige gehörten auch zu unserer Ethnie, sie hatten sich auf den Weg nach Europa gemacht, doch ihr Geschäftssinn ließ sie dann bleiben. Wer Geschäfte machen will, muss ein kleines Herz haben. Das ist kein Problem, sondern eine Tugend, doch nicht jeder kann das. Vielleicht lernt man es nach und nach, ich weiß nicht, ich habe es nie versucht.

Eines Tages kam ein Mann namens Bahry in den Wald hinauf. Er war Guineer und sprach Pular. Er wollte dreitausend Euro, wie die anderen auch, aber ich erklärte ihm meine Situation, und er nahm sich Zeit, um mir zuzuhören. Er sagte, dass er mir in diesem Moment nicht helfen könne, aber dass ich ihm Zeit lassen solle, zehn oder fünfzehn Tage, und er mir dann eine Antwort geben werde. »*Oke*, ich bewege mich nicht von hier weg.«

Es vergingen mehr als zwei Monate, und ich sah Bahry nicht wieder. Er hatte mir seine Telefonnummer auf einem Zettel notiert und dagelassen, und ich rief ihn mit dem Handy eines Freundes an, doch Bahry antwortete nicht. Schließlich gab ich auf und dachte, »Jetzt ist dieser Wald mein Zuhause, und ich werde nie wieder hier rauskommen«.

Ich glaube, es war Mittwoch, vielleicht auch Donnerstag, ich bin mir nicht sicher, auf jeden Fall sah ich Bahry wieder. Er kam mit zwei Marokkanern den Wald herauf. Sie bereiteten gerade ein ›Programm‹ vor und suchten Kunden. Sie verlangten dreitausendfünfhundert Euro, und die Leute versuchten, den Preis zu drücken, boten zum Beispiel dreitausendzweihundert oder dreitausend an. Aber wenn der Wald voll mit Menschen ist, ist das nicht leicht. Wenn du ablehnst, gibt es hinter dir immer noch jemand anderen. So ist das Geschäft.

Nachdem er seine Runde gedreht hatte, kam Bahry zu mir. »Wie geht's?«, fragte er. Ich antwortete, »*Djantou*«. »Ibrahima, ich habe kein ›Programm‹ für dich, aber etwas anderes.« »*Ah bon*, was denn?« »Wenn du willst, kommst du in mein Haus und bleibst dort, bis das nächste ›Programm‹ organisiert wird.«

Wir verließen den Wald, stiegen in sein Auto, und er brachte mich zu seiner Wohnung. Bahry lebte in einem Viertel von Nador. Küche, ein Schlafzimmer, das Wohnzimmer. In dieser Nacht schlief ich auf einem Sofa, und mein Rücken wunderte sich. Ich hatte mehr als zwei Jahre auf Zementblöcken oder dem Waldboden geschlafen.

Als ich wach wurde, machte ich Frühstück für alle. Alle, das waren Bahry und Bahrys Frau. »Nach dem Frühstück wirst du anfangen, die Küche zu putzen«, befahl er mir. »Du wirst hier alle Arbeiten machen, die in einem Haus die Frau erledigt.«

»*Oke*«, antwortete ich.

Drei Monate verbrachte ich dort, ohne die kleine Wohnung zu verlassen.

XXI

Eines Morgens sagte Bahry zu mir, »Ibrahima, heute werde ich ein ›Programm‹ organisieren. Ich habe zu Gott gebetet, dass es sicher sein soll, und hätte gern, dass du mit an Bord gehst«. »*Oke*, kein Problem«, antwortete ich. Wir hatten zweitausend Euro als Preis ausgemacht. So viel kostete meine Überfahrt. Zweitausend Euro und die ganze Arbeit, die ich in drei Monaten in seinem Haus verrichtet hatte.

In der Nacht brachten sie uns ans Meer. Das Schlauchboot hatte neun Öffnungen, um es aufzupumpen, und alle mussten sich die Lunge leer pusten, mit der Hand- oder mit der Fußpumpe. Die Musik dieser Pumpen ist mir noch im Ohr: fu-fu-fu-fu-fu. Dort macht man alles im letzten Moment. Das Schlauchboot aufpumpen, den Motor befestigen, den Leuten einen Kompass in die Hand drücken und das Boot ins Wasser schieben. Los, geht's. Nein, warte. Noch nicht. Ich habe etwas vergessen.

Die marokkanische Polizei hat große Scheinwerfer und kontrolliert alles von oben. Auch uns entdeckten sie, sahen, wie wir losfahren wollten, und begannen zu schreien. Die Araber pumpten weiter, ohne Luft zu holen, fu-fu-fu-fu-fu. Die Araber sind geschickt darin.

Sicherheitshalber pumpt man das Schlauchboot ganz fest auf. Weil es manchmal auf dem Weg Luft zu verlieren beginnt. Und weil normalerweise mehr Leute an Bord sind, als an Bord sein sollten. Fu-fu-fu-fu-fu. Wir waren dreiundfünfzig Personen. Kinder, Frauen und Männer.

… den Motor befestigen, einen Kompass in die Hand drücken und ins Wasser schieben. Los, fahrt. Jetzt aber. Du bist dem Schicksal ausgeliefert.

Du blickst dich in alle vier Himmelsrichtungen um, und alles ist nur eine Sache: das Meer. Und du hast noch nie auf dem Meer gesessen. Dann geht der Motor aus, weil der Kapitän den Gang gewechselt hat oder was weiß ich warum, auf jeden Fall geht der Motor aus.

Sie begannen an dem Seil zu ziehen, das am Motor hängt, sie zogen, zogen, zogen. Bis sie verzweifelten. Schließlich startete der Motor wieder, und wir fuhren weiter, weit weg von der Küste. Dort blickst du dich wieder in alle vier Himmelsrichtungen um und siehst um dich herum nur eins: das Meer. Du kannst nicht schwimmen. Dann streikt der Kompass.

Bevor wir losfuhren, erklärte uns der Araber, »Wenn die Nadel zwischen null und fünfzehn anzeigt, fahrt ihr in die richtige Richtung, aber wenn die Nadel von fünfzehn nach dreißig geht, heißt das falsche Richtung«. Ich weiß nicht, was passiert war, aber jemand sagte, »Der Kompass ist nass geworden«, und nun fuhren wir ohne Zahl weiter, ohne zu wissen, wohin.

Wir verschwanden auf dem Meer.

Wenn du dich in alle Himmelsrichtungen umschaust, siehst du nur eine Sache: das Meer, und von unter dem Wasser beginnen einige große Fleischstücke aufzusteigen, *ohhhhh*. Erst rauf und dann wieder runter, *ohhhhh*. Jemand sagte, »*des dauphins*«. Aber ich hatte dieses Wort noch nie gehört und fürchtete mich, ich glaubte, dass sie sich auf mich stürzen würden.

Ohhhhh ....

Mein Geist erhob sich in die Lüfte. »Alhassane hat sich in einer Nacht wie dieser auf den Weg gemacht«, dachte ich. Und ich erinnerte mich an meine ganze Familie. Erst an meinen Vater, dann an meine Mutter, schließlich an die beiden Kleinsten, Binta und Rouguiatou.

Wenn du auf dem Meer sitzt, bist du an einer Wegscheide. Leben oder Tod. Dort gibt es keinen anderen Ausgang.

XXII

Die ganze Nacht verbrachten wir orientierungslos auf dem Meer. Die Leute begannen zu weinen, vor allem die Frauen, aber nicht nur die Frauen, auch der Kapitän. Er war aus dem Senegal. Ich weiß nicht, wer ihn zum Anführer der Expedition ernannt hatte. Er sagte, dass er das Meer kenne, aber ein Kapitän muss mehr Kraft im Herzen tragen, muss zeigen, dass er der Mutigste ist, doch dieser hier weinte wie ein Kind. Es ist schwer, so nach Europa zu kommen.

Ich versuchte mich an den Flügeln meines Geistes

festzuhalten und nicht zu viel zu denken, doch das war nicht leicht. Vor mir sah ich das Gesicht meiner Mutter und dachte, »In einer Nacht wie dieser hat sich Alhassane auf den Weg gemacht«.

Das Meer ist sehr groß, so wie die Nacht. Aber die Nacht lässt dich, wenn du ein wenig wartest, an einer Seite zurück, und dann wird es Tag, und das Licht kommt heraus. Wieder zeigt sich die Weite des Meeres, und du denkst, *impossible*.

Plötzlich begann das Schlauchboot Luft zu verlieren. Der Kapitän ließ alle auf eine Seite wechseln, und das Boot kenterte fast. Alle schrien, und dann weinten sie. Auch ich. Die Angst war mir in die Knochen gefahren. Dann, zuletzt, blickte ich mich in alle Richtungen um und sah überall nur eine Sache: *impossible*.

Einige trugen eine Weste aus Lappen am Körper, andere hatten sich Fahrradschläuche um den Rücken gebunden. Ich hatte nichts dabei, und das war noch eine weitere Last, die mir Gewissensbisse bereitete. Ich überlegte, dass ich weniger Hoffnung hatte als sie.

Elf Uhr null null. Alles gleich.

Zwölf Uhr null null, und ich wartete auf den Tod. Vor allem, wenn ich mit den Fingern auf das Schlauchboot drückte und merkte, dass es keine Luft mehr hatte, es schon total schlaff war.

Dreizehn null null, und immer noch alles gleich. Ich wartete weiter auf den Tod.

XIII

Vierzehn null null, ein Hubschrauber. Zuerst hörst du ihn, dann siehst du ihn, zuletzt glaubst du es. Ja, ein Hubschrauber.

Ich nahm zwei Mädchen, die neben mir saßen, die Weste ab und begann damit zu winken. Nach links und rechts. Nach rechts und links. Die anderen machten dasselbe. Das war unser Zeichen. Alle Westen tanzten über unseren Köpfen. *À l'aide, à l'aide*, Hilfe, Hilfe.

Der Helikopter ging über uns herunter und begann um uns herumzukreisen. Die Rotorblätter wühlten das Meer auf, und das Boot kippte fast um. Wir alle schrieen, »*À l'aide, à l'aide*«.

Sie sahen uns, gaben uns Zeichen mit der Hand und flogen weg. Ich hatte keine Kraft mehr. Meine Mutter kam mir in den Sinn. »Sie ist dort im Dorf, was macht sie wohl gerade?« Als der Hubschrauber wegflog, verlor ich die letzte Hoffnung, lebend von dort wegzukommen.

Vierzig Minuten später kam er zurück. Erst der Hubschrauber, dann ein Boot. *Salvamento marítimo*, die Seenotrettung. Ich erkannte sie an den Farben, weil man mir das im Wald erklärt hatte, »Das Boot, das kommt, um euch zu retten, wird orangefarben sein«. Das war es. Wir begannen alle zu rufen: »*Boza! Boza! Boza!*«

Dieser Ruf ist ein Lied, das viele Afrikaner kennen. Wenn eine Reise über das Meer gut ausgeht, dann wird es angestimmt. »*Boza! Boza! Boza!*« Wenn wir im Wald von Tanger oder Nador erfuhren, dass ein ›Programm‹ gut in Europa angekommen war, verbreitete sich die Nachricht schnell, »Gestern haben hundert Leute *boza* gesungen«.

XXIV

Das Boot der Seenotrettung hielt neben uns, und man warf uns ein langes Seil zu. Zuerst wurden die Kinder und Frauen an Bord geholt. Wir alle schrien, um an die Reihe zu kommen, und vom Boot sagten sie uns, »*Tranquilo, tranquilo*«. Ich verstehe ziemlich viel Französisch und dachte gleich, »Dieses Wort bedeutet bestimmt ruhig«. Und dann beruhigte ich mich ein wenig.

Schließlich kam ich an die Reihe. Mit einer langen Leine holten sie mich an Bord und gaben mir eine Decke und Wasser. Ich trank einen Schluck und begann zu weinen. Ich weinte wie ein kleines Kind. Dann stand ich auf und blickte mich um, ich wollte sehen, von wo ich gekommen war.

Jetzt weiß ich es, das Meer ist kein Ort ist, um sich hinzusetzen.

Und du, so oft erwähnt,
überlegst, wer du bist.

Vielleicht bist du der Polizist,
der an einem Tisch in einem Kommissariat
über mein Asyl entscheidet.
Du wirst sehen,
was mit mir geschieht.

Oder vielleicht bist du meine Mutter
Fatimatu Diallo,
ich habe dir ein paar Worte gestohlen,
verzeih,
all das habe ich dir bisher noch nicht erzählt.

Oder du bist Fatumata Binta
oder Rouguiatou
ich will, dass du weißt,
dass Ibrahima dich nicht vergessen hat.

Aber diese Geschichte hat noch mehr Du's

du bist Ismail
oder Emi
ich frage dich, wo du heute wohl lebst,
wo dich dein Schicksal hingetragen hat.

Oder du bist vielleicht
derjenige, der gerade die Wüste durchquert
oder im Wald auf eine Überfahrt wartet,
auch für dich sind all dies Informationen.

Oder du bist derjenige, der mir geholfen hat,
hierher zu kommen,
in Oran oder Irun,
wie viele Du's.

Oder du bist
einfach du
der gerade dieses Gedicht liest.

Wirst du sagen
dieses du bin ich?

Ja
wenn du willst
bist du dieses du,

doch ich bin es nicht
ich bin Ibrahima
und das ist mein Leben.

Dieses Buch ist Alhassane Balde gewidmet.